# Femmes puissantes

**De la même autrice**

*Femmes puissantes,* saison 2, Les Arènes, 2021 ; Collection Proche, 2022

**Cet ouvrage est une coédition Les Arènes / Collection Proche / France Inter.**



**www.franceinter.fr**

**Collection Proche**
**26, rue Jacob, 75006 Paris**
**Tél. : 01 42 17 47 80**

**Les Arènes,**
**17-19 rue Visconti, 75006 Paris**
**Tél. : 01 42 17 47 80**

Léa

# Salamé

# Femmes puissantes

PROCHE

*À ma mère.*

*À Mathieu Sarda,*
*sans qui ces entretiens*
*avec des femmes puissantes*
*n'auraient pas existé.*
*Tu me manques.*

# « Je venais de loin. »

« Si je vous dis que vous êtes une femme puissante, que me répondez-vous ? » : j'ai commencé chaque entretien de ce livre avec cette question simple, d'apparence banale. Toutes mes interlocutrices ont eu l'air gênées. Mal à l'aise. Incapables de se positionner. Comme si « femme puissante » était encore en 2020 un oxymore. Toutes sauf une, Nathalie Kosciusko-Morizet qui assura du tac au tac : « Oui, je suis une femme puissante, comme vous, et comme toutes celles qui le veulent. »

Difficile à définir, la notion de puissance m'a toujours intéressée. Elle touche au pouvoir, à l'influence, au charisme, mais aussi à l'abus et à une certaine forme de violence ou de domination. Elle revêt un je-ne-sais-quoi d'essentiellement masculin. On dit des femmes qu'elles sont belles, charmantes, piquantes, délicieuses, intelligentes, vives, parfois dures, manipulatrices ou méchantes. « Hystériques » lorsqu'elles sont en colère. « Arrivistes » lorsqu'elles réussissent. Mais on dit rarement d'elles qu'elles sont *puissantes*. J'ai voulu voir si cette notion pouvait se féminiser, si puissance et virilité/masculinité pouvaient être dissociées.

Ce n'est pas simplement par pudeur ou modestie qu'une femme (fût-elle influente, charismatique) refuse le qualificatif de « puissante ». Il suscite un recul. Comme son corollaire, l'ambition, qui prend aussi une connotation négative déclinée au féminin. Chez un homme, l'ambition est légitime. Chez une femme, elle paraît suspecte, contre-nature. Comme le dit Élisabeth Badinter : « Rares sont les moments de l'Histoire où l'alliance des deux mots "ambition" et "féminine" n'a pas choqué. »

De ces malaises, de ces hésitations, de ces silences est né ce livre. De rencontre en rencontre, j'ai voyagé dans les mystères du pouvoir au féminin. À l'image de Christiane Taubira qui proclame avoir réglé ses comptes avec la peur, toutes nous parlent d'une émancipation qui est d'abord le dépassement d'une appréhension de ne pas être au niveau. La crainte de ne pas être « à sa place ». Le souci du ridicule et du qu'en-dira-t-on. L'angoisse saisit la fille qui sort du cadre défini, non par la loi mais par la tradition, les habitudes, le poids des normes sociales, le regard des autres. Dans cette peur, Leïla Slimani voit avant tout la hantise de décevoir : comme si nous, les femmes, avions une obligation de perfection dès lors qu'on s'empare de la « place » des hommes. Eux peuvent réussir, fussent-ils médiocres. Nous, non. « Pour être une femme puissante, il faut avoir le courage de déplaire, et de décevoir en tant que mère, épouse ou vis-à-vis des attentes que les gens ont de vous », dit justement Leïla Slimani. Décevoir, accepter de ne pas être parfaite, voilà l'émancipation absolue.

S'agissant de la révolution #MeToo, s'agissant des hommes, de la maternité ou de la séduction, les femmes que j'ai interrogées ne pensent pas toutes la même chose. Loin de là. Pas de voix féministe unique. Pas de chemin identique vers la libération et l'égalité. « Le féminisme est pluriel. Il y a plusieurs manières d'être féministe », note Michelle Perrot. Il y a le féminisme d'Élisabeth Badinter ou de Catherine Deneuve, celui de Virginie Despentes ou d'Adèle Haenel. L'époque impose de choisir son camp, avec virulence si possible. Je m'y refuse. Simplement parce que je n'y arrive pas, parce qu'il n'y a pas UNE seule vérité. On peut être sensible aux arguments de l'une puis de l'autre. Sur ce sujet comme sur d'autres, je revendique le gris, la nuance, la complexité. Même si l'époque n'aime pas ça. Je revendique de douter.

Ces femmes rencontrées, ces voix entendues, ces « vies exemplaires » m'ont fait réfléchir, et ont fait voler en éclats des préjugés bien ancrés. Comme à beaucoup d'auditrices, elles m'ont aussi fait du bien.

Ce livre est en forme de remerciements pour leur liberté, leur audace et leur générosité. Je leur sais gré de m'avoir fait confiance, de s'être livrées ainsi. Elles ont accepté que je les bouscule (ou les pique parfois). Elles ont dit leurs rêves, mais aussi leurs douleurs, les épreuves qui les ont transcendées. Elles se tiennent debout, tête haute. Nous sommes toutes construites par d'autres parcours que les nôtres. Il est important d'avoir des femmes à qui s'identifier, dans une époque où 80 % des objets d'identification restent masculins.

Chaque fois, je suis sortie groggy de ces rencontres, me faisant la réflexion : ces conversations étaient tellement plus fortes que mes entretiens habituels. J'ai la chance de coanimer chaque jour la Matinale de France Inter et de grandes émissions à la télévision, mais, avec ces entretiens, j'entrais dans un univers différent, plus existentiel. Je touchais une forme de vérité. Ces femmes m'ont fait grandir, m'ont transformée. Profondément.

Il faut dire que je venais de loin.

*

Longtemps, j'ai cru que la vie était fondée sur les rapports de force.

Je suis née à Beyrouth, au Liban, à la fin des années 1970, par une nuit de violents bombardements. Les premières années de ma vie se résument à des souvenirs de guerre, et à des nuits passées dans la baignoire de la salle de bains, parce que c'était la seule pièce sans fenêtre, à l'abri des éclats d'obus. Mes parents y installaient des matelas, on dormait là avec ma sœur. Quand ça tapait trop fort, nous descendions dans les abris souterrains. Tous les Libanais ont vécu la même histoire. Dès l'âge de cinq-six ans, j'avais compris que l'existence était une bataille, et qu'il fallait s'armer pour ne pas tomber.

Jusqu'au début des années 1980, nous habitions Hamra, un quartier cosmopolite de Beyrouth où vivaient les intellectuels de gauche et une majorité de musulmans. Habiter là, pendant la guerre civile, alors que nous étions chrétiens, était un choix à la fois politique, social, culturel de mon père. Il refusait toute forme d'assignation identitaire. Lorsque l'armée israélienne pénétra le territoire libanais, mes parents décidèrent de quitter le pays, la situation devenait invivable. L'exil n'a pas été brutal. Nous n'avons pas coupé net le fil qui nous reliait au Liban. Au début, nous faisions des allers-retours entre Paris et Beyrouth. Ma sœur et moi étions inscrites dans deux écoles en même temps. Ici et là-bas. Nous alternions six mois Liban, six mois Paris. Je regardais tous les soirs, au journal de 20 heures, mon pays natal en flammes et priais pour mes grands-parents restés là-bas : « Faites qu'ils ne meurent pas ! » De cinq à onze ans, j'ai grandi avec cette incertitude-là, avec cette angoisse. Mes parents espéraient que la situation se calmerait, et que nous rentrerions un jour « chez nous ». Et puis, finalement, nous sommes restés ici.

Au fil des années, la France est devenue *chez moi*. Elle nous avait accueillis avec générosité, comme tant d'autres avant et après nous, et comme elle sait souvent si bien le faire. Je gardais pourtant une certaine colère, celle qu'on appelle communément la rage de l'exilée, et qui met tant de temps à passer. Quand elle passe. Le sentiment, aussi, parce que je venais d'ailleurs, de devoir faire mieux que les autres, d'avoir à prouver plus que les autres pour « faire ma place ». Rien ne vous est réservé sur une terre d'exil, fût-elle une terre d'accueil. J'ai intégré cela dès l'enfance, alors qu'on me faisait remarquer ma différence. Longtemps j'ai essayé de ressembler aux autres, je me suis employée à gommer mon altérité, mes aspérités, mon orientalité, mes rondeurs ! Il a fallu du temps pour comprendre la phrase de Jean Cocteau, « ce qu'on te reproche, cultive-le, c'est toi ». Il a fallu du temps pour saisir que précisément cette différence ferait mon style, ma personnalité, et la chance rencontrée à plusieurs moments-clés de ma carrière.

J'ai treize ans. Je suis inscrite au collège Franklin, chez les jésuites, haut lieu de la bourgeoisie conservatrice parisienne. Mes parents sont tout le temps convoqués pour mon indiscipline, j'ai toujours eu du mal à accepter l'autorité, je suis une adolescente « ingérable ». Chaque enfance est jalonnée de phrases-clés. Ceux qui les assènent ne se rendent souvent pas compte de l'influence déterminante qu'elles peuvent avoir. Dans mon cas, ce fut un mot du « préfet des études » de Franklin. Un jour, alors qu'il se plaignait une fois de plus de mon indocilité : « Le problème de votre fille, c'est qu'elle est orientale. À quel moment va-t-elle comprendre qu'elle doit devenir cartésienne ? », ma mère lui rétorqua vivement avec son accent chantant du Levant : « Oui, monsieur, ma fille est orientale et fière de l'être ! » Mais il avait pointé ma différence : j'étais « orientale », avec tout ce que ce mot sous-entend ici de langueur, d'excès, d'irrationalité, et probablement, dans la tête de cet individu, d'archaïsme. Cette parole fut décisive. Toute ma vie, j'ai voulu prouver à cet homme – qui ne l'a jamais su – que j'étais capable d'être plus cartésienne qu'il ne le pensait. Plus « française ». Capable d'y arriver. De devenir « quelqu'un ». Ici. Selon les codes et les standards d'ici. Ils allaient devenir les miens.

La première chose fut de m'endurcir, de taire cette sensibilité extrême de l'Orient. De ne pas laisser les autres m'atteindre. Même si, à l'intérieur, j'étais une sorte de cocotte-minute identitaire. J'étais quoi ? Libanaise ? Arménienne par ma mère ? Française ? Arabe ? Chrétienne ? « Tout à la fois », m'avait un jour répondu mon oncle, en comparant les différentes strates de mon identité à un mille-feuille. La part française est devenue la plus importante de toutes ; mais lorsqu'on touche aux émotions, c'est « l'Orient » dont parlait mon cher « préfet » qui rapplique. Quand on me froisse, je suis blessée, avec ce mélange d'orgueil et d'exagération propre à toute Méditerranéenne. Le fatalisme, un certain appétit pour le danger, l'obsession de vivre intensément, me viennent du Liban. Trouver le chaos normal. Préférer le désordre à l'harmonie. Quand tout est à sa place, je vais provoquer quelque chose pour que l'ordre vacille et que tout se mette à nouveau en mouvement. Les mots de Montaigne, selon qui « le monde n'est qu'une branloire pérenne », trouvent en moi un écho vibrant. L'instabilité et la violence de l'univers m'accompagnent et se répercutent en moi en permanence. Je suis une intranquille.

Quand on naît à Beyrouth au cœur de la guerre civile, on ne croit pas aux sornettes sur la « fin de l'Histoire ». Ma naissance tumultueuse laissera toujours des traces. En septembre 2001, je pars faire des études de journalisme à la New York University. J'habite au pied des tours jumelles. Un matin, je suis réveillée par un bruit assourdissant, comme un énorme accident de camion. Quelques minutes plus tard, la gardienne vient tambouriner à ma porte en hurlant de quitter l'immeuble. Je me retrouve en pyjama dans la rue et, comme tous les gens du quartier, je regarde, hébétée, le World Trade Center d'où s'échappe un nuage de fumée. Puis la première tour s'effondre et le souffle me propulse à terre. L'écroulement de la tour m'a semblé aussi long que mes nuits enfantines passées dans le fond de la baignoire. Je me souviens m'être relevée péniblement, hagarde, tandis que l'instinct prenait le relais dans mes jambes et dans mon esprit, et m'indiquait le nord de Manhattan. J'ai couru pendant quarante-cinq minutes, couverte de cendres, avant que le second gratte-ciel s'écrase à son tour, enveloppant New York dans les ténèbres.

Rien d'héroïque dans ma conduite. Des héros, des actes de bravoure, il y en a eu beaucoup ce jour-là. Moi, je n'ai sauvé personne, juste moi, en courant en pyjama, la jambe et le bras en sang. Mais le destin m'avait placée là, de Beyrouth à New York, et ce fut, dans cet instant de fracas, la naissance d'une conviction inébranlable : je serai journaliste ! Plus jamais les secousses du monde ne me laisseraient tranquille. Le 11 septembre 2001, à New York, à vingt-deux ans, j'ai compris que je voudrais plus que tout raconter, explorer les mouvements et les vibrations du monde. Coller à l'événement.

Un an et demi plus tard, mon père fut blessé à Bagdad dans l'attentat le plus meurtrier jamais perpétré contre les Nations unies en Irak. Je vécus ce traumatisme comme une confirmation de ce que j'avais ressenti le 11 Septembre. Tel était mon chemin. Ce jour-là, je me souviens, un ami m'a dit : « Décidément, chaque fois qu'il y a un attentat, il y a un Salamé en dessous. » J'ai ri.

Mon père que je crus plusieurs heures durant disparu à Bagdad fut longtemps ma référence absolue. Issu d'un milieu modeste – son père était instituteur dans la montagne libanaise, sa mère gouvernante dans un grand hôtel de Beyrouth –, il s'est extirpé de sa condition sociale à force de talent et de travail pour devenir un intellectuel reconnu, professeur en France et aux États-Unis, diplomate et ministre de la Culture au Liban. Je lui dois tout. Le vrai féministe de notre famille, c'est lui. Il nous a éduquées, ma sœur et moi, avec une obsession : que nous soyons toujours autonomes dans la vie. Hors de question que nous dépendions financièrement et psychologiquement d'un homme. Il y avait quelque chose d'un féminisme guerrier dans son approche. À la manière du père de Simone de Beauvoir qui répétait à sa fille qu'elle avait un « cerveau d'homme », il nous a élevées « comme des garçons », ce qui était assez inédit chez un père dit « oriental ». C'était : « Tu seras un homme, ma fille. » Mon père voulait que nous excellions dans la voie que nous choisirions. « Faites ce que vous voulez, mais faites-le le mieux possible », martelait-il. Je me souviens qu'il avait froissé en boule mon premier bulletin de notes de sixième et avait joué au foot avec au milieu du salon. Parce que je n'étais que septième ou huitième de ma classe et pas dans les trois premières. Son exigence était ahurissante. Elle venait de sa mère, ma grand-mère, sans doute la femme que j'ai le plus aimée. Droite, fière, travailleuse, elle ne baissait jamais la tête devant les épreuves de la vie ou le manque d'argent. Elle m'a appris à me battre toujours, à refuser de tomber, à cacher mes douleurs.

Longtemps je n'ai voulu que les rendre fiers.

Je suis devenue journaliste et mon ambition a pris la forme d'une rage de vivre et de vaincre à laquelle rien ne semblait devoir ou pouvoir résister. J'ai recherché la reconnaissance avec frénésie. J'ai voulu prouver aux yeux des autres que l'« Orientale » pouvait être la meilleure des « Occidentales ». Montrer qu'une femme pouvait égaler les hommes. Être plus dure, plus rentre-dedans, plus « puissante » qu'eux.

Lorsque j'ai débuté à la télévision, sur les chaînes d'information, les journalistes qui présentaient les journaux se ressemblaient presque toutes, plutôt lisses et souvent blondes. Je n'avais pas vraiment la gueule de l'emploi ! À cette époque, la journaliste femme avait le plus souvent une place assignée à côté de l'homme, leader « naturel » du duo. Elle devait sourire, se spécialiser dans les questions psychologisantes, mettre du « liant », quand son collègue masculin se réservait les questions sérieuses, le « dur ». Je voulais absolument échapper à ce jeu de rôle. Je me répétais comme un mantra : « Au minimum, je serai à égalité avec les hommes. Et dès que l'occasion se présentera, je prendrai la main. » Mes modèles étaient les femmes qui s'étaient libérées de la tutelle masculine. Françoise Giroud ou Anne Sinclair en France, Christiane Amanpour aux États-Unis.

Occuper le territoire des hommes, montrer les muscles : je n'ai échappé à aucun des écueils induits par cette quête. J'ai recherché la confrontation jusqu'à l'agressivité. Je pense notamment à mes premières « Émissions politiques » sur France 2, et à des échanges trop musclés avec Nicolas Sarkozy ou Alain Juppé. C'était en 2017, l'année de l'élection présidentielle. Et il se trouve que je cumulais : réveil aux aurores pour la Matinale d'Inter, émissions politiques à la télévision, le tout enceinte de mon premier enfant… Ça faisait beaucoup. Cette année-là fut galvanisante, vertigineuse et sans doute excessive dans tous les sens du terme.

Ceci dit, j'ai souvent noté qu'une même question, formulée avec les mêmes mots, est jugée pugnace si elle est posée par un homme mais agressive si elle l'est par une femme. Il n'en reste pas moins que je revendique un goût pour les interviews à l'anglo-saxonne, contradictoires, créant un moment, un instant de vérité, une surprise. Je crois qu'il faut conduire l'invité à sortir de la monotonie de ses discours, des éléments de langage préfabriqués, à quitter le confort du prêt-à-dire. Et aller à l'os. Il faut utiliser toutes les armes, parfois une forme de douceur qui peut passer aux yeux des critiques pour de la complaisance, mais le plus souvent en établissant une confrontation qui risque de subir un procès en arrogance.

J'ai appris, parfois à mes dépens, les risques qu'il faut prendre dans mon métier.

Je me suis aussi rapidement rendu compte que mes collègues masculins n'ont pas toujours conscience des codes qu'ils reproduisent, des jugements qu'ils projettent à l'égard des femmes. Quand vous coprésentez une émission aux côtés d'un homme, c'est lui qui donne le *la*. Ce n'est pas de la misogynie, ni un défaut individuel, c'est une évidence structurelle, une donnée systémique. Depuis l'enfance, les hommes voient comment et par qui s'exerce la domination. Combien de fois ai-je entendu des phrases comme : « Pour un "prime time" ou une émission politique, il faut un homme, ça rassure. » Ou encore : « Pour une matinale, il faut un homme, les gens n'aiment pas être réveillés par une voix féminine. » J'avais tellement intégré cela que lorsque la patronne de France Inter me proposa un jour de présenter seule la Matinale, je me suis entendue répondre spontanément : « Non, il vaut mieux une voix d'homme le matin. Les voix de femmes sont trop aiguës. » Ça me pique de l'admettre, mais j'ai bien prononcé ces paroles idiotes. Cela s'appelle l'autocensure, une réaction qui touche les femmes de façon disproportionnée au cours de leur carrière. Je me pensais totalement émancipée, je réagissais pourtant typiquement comme la plupart des femmes quand on leur propose une promotion : la peur de ne pas être à la hauteur, la tentation de l'autodénigrement.

L'ennemi, c'est cette peur. Toutes les générations de femmes ont cela en commun. La peur d'être agressée. La peur de déranger. La peur de choquer. La peur de détonner. La peur de la révolte et de ce qu'il y a après la révolte. Cette peur est d'autant plus grande qu'on est en position de vulnérabilité. Quand à la domination sexiste s'ajoute la domination sociale, alors cette peur a tout pour devenir paralysante. J'ai de la chance d'être née du bon côté de la barrière sociale, et pourtant cette peur me poursuit.

Christiane Taubira le dit parfaitement : « La puissance d'une femme, c'est son rapport à la peur [...]. De toutes les émotions, de tous les sentiments, la peur est vraiment le seul qui soit capable de paralyser, donc de neutraliser vos potentialités, votre réactivité. C'est le seul capable de vous empêcher, de vous interdire. »

Les hommes sont conditionnés sans le savoir pour *cheffer*. Ils savent prendre la parole, la conserver, assumer une ambition, la cultiver. Le tout *naturellement*. Ils se posent rarement ces questions : « Suis-je à ma place ? Suis-je au niveau ? Comment imposer ma voix sans passer pour un dingue ? » Nous, nous avons cette angoisse de l'imposture, chevillée au cœur et au corps. Il faut s'en libérer.

À mon arrivée à « L'Émission politique », le directeur de la rédaction d'alors avait défini les rôles : à David Pujadas, le rôle de capitaine « politique » ; à moi, une rubrique baptisée « Le regard de Léa », un espace réservé aux questions « piquantes et sexy ». Je regrette de ne pas avoir protesté, de ne pas avoir rejeté comme une mauvaise blague un tel intitulé. Face aux critiques généralisées, ils ont changé le nom. Puis l'idée même d'un cantonnement ou d'un cloisonnement de ma parole « féminine » fut mise au placard. Mais pourquoi n'avoir rien dit d'emblée ? Par aveuglement ? Par peur.

J'appartiens à une génération qui a longtemps cru avoir résolu la question du féminisme. Nous pensions que le temps des luttes était passé. Nous étions pleines de gratitude pour Simone de Beauvoir et Simone Veil, pour les « 343 salopes » qui avaient revendiqué un avortement clandestin pour faire changer la loi, et avant elles, pour les « suffragettes » qui acceptaient les ricanements pour défendre le droit de vote des femmes. Mais nous, ce n'était plus notre affaire. Comme sur tant d'autres sujets, nous étions bercées d'illusions, assoupies.

Un jour, la romancière Annie Ernaux m'a parlé de sa grande stupéfaction devant le mouvement #MeToo, cette « déflagration » qu'elle n'attendait plus. Elle disait avoir fini par intégrer qu'elle ne verrait pas de son vivant la « révolution des femmes ». Elle avait eu le sentiment d'une immense régression dans les années 1990. C'est ma génération qu'elle visait. Et elle avait raison. Bancale, prise en étau entre les icônes révolutionnaires des années 1960-1970 et les vingtenaires des années 2010, beaucoup plus engagées, ma génération croyait n'avoir plus de combats à mener. *Je* ne pensais pas avoir *ce* combat à mener en tout cas. Je n'étais pas la seule. Et pourtant je me trompais. Nous nous trompions.

Tout n'est pas encore gagné, c'est évident, et rien n'est définitivement acquis. En ces temps troublés, il ne faut pas oublier la mise en garde de Simone de Beauvoir : « N'oubliez jamais qu'il suffira d'une crise politique, économique ou religieuse pour que les droits des femmes soient remis en question. Ces droits ne sont jamais acquis. Vous devrez rester vigilantes votre vie durant. »

Par-delà les critiques qu'on peut émettre à son égard, le mouvement #MeToo fut d'abord une révolution narrative, par les milliers de récits qu'il a fait éclore, et pas seulement dans le cinéma, mais d'abord dans les couches socialement plus vulnérables. Pour les militantes chevronnées, ce mouvement confirma leur vision du monde. Il fut pour moi une profonde remise en cause de mes croyances et de mes aveuglements. Un chamboulement intérieur. Qui m'a laissée en zone mouvante, n'ayant pas encore atteint de terre ferme et stable, je le confesse sans peine.

Un événement personnel allait illustrer et tester les doutes qui m'habitaient. En mars 2019, je décidai de me retirer provisoirement de France Inter et de France 2, le temps de la campagne pour les élections européennes, auxquelles mon compagnon était candidat. J'ai estimé que les périodes de campagnes étaient à ce point inflammables qu'il ne fallait pas prendre le risque d'affaiblir les antennes sur lesquelles je travaillais, et plus largement le métier de journaliste, déjà si profondément défié, rejeté, vilipendé. Ce choix a été critiqué. Je le comprends, car si cela avait concerné une autre journaliste que moi, j'aurais sans doute désapprouvé cette décision. Deux principes s'opposaient : le féminisme d'un côté, la déontologie de l'autre. D'un côté, je laissais entendre en me retirant qu'en 2019 une femme a encore le cerveau de son mari ou de son compagnon. De l'autre, je m'exposais à ce que chacune de mes questions soit suspectée. En accord avec mes *patronnes*, j'ai opté pour le retrait. Moi qui me suis toujours battue pour défendre ma place dans cet univers encore très masculin, je devais soudainement « retourner à la cuisine », m'occuper des enfants. Pour laisser la place à mon homme...

C'est à ce moment-là que Laurence Bloch, la directrice de France Inter, me proposa de réaliser une série d'entretiens à diffuser pendant l'été. J'avais carte blanche sur le thème. « Les grands artistes, les monstres sacrés, les femmes... Choisissez ! » me dit-elle. Les femmes ! L'occasion d'affronter mes ambiguïtés sur cette question, dans un moment lui-même ambivalent, se présentait : j'ai foncé.

Je mis alors sur papier une liste de femmes que je trouvais admirables, pas seulement par leur réussite, mais plus encore par leur courage, leur liberté, leur singularité. Écrivaine, médecin, femme politique, cheffe d'entreprise, rabbine, sportive, jeunes ou plus âgées, de droite ou de gauche... elles avaient toutes un point commun : leur force intérieure, et leur influence dans la société, en un mot leur puissance. Je proposai à Laurence Bloch une série que j'appelai « Les femmes puissantes ». Le titre ne lui a pas plu immédiatement : « Trouvez autre chose, me dit-elle, "femmes puissantes", ça clive, ça divise, ça ne passera pas. » Mais je tenais absolument à un titre qui bouscule, qui réveille, un titre problématique, à l'image de mon rapport à la question féministe.

Ces entretiens ont confirmé ma révolution intérieure. À trente ans, je ne me serais jamais dite féministe. Ces femmes puissantes ont parachevé ma mue. Ce sont les interviews les plus inspirantes, les plus touchantes, les plus marquantes que j'aie faites. Elles disent la valeur immense des femmes dans la société, de toutes les femmes, pas seulement les plus célèbres. On l'a encore vu en cette année 2020 d'épidémie mondiale, ce sont « les invisibles » qui ont fait tenir la société. Une « bande de femmes » : les aides-soignantes, les infirmières, les caissières. On les a célébrées pendant deux mois, il ne faudra pas les oublier – même si c'est déjà le cas. J'ai par ailleurs été frappée, heurtée même, par le fait que cette crise fut, en France plus qu'ailleurs, « une affaire d'hommes ». Les ministres en charge étaient presque tous des hommes, les membres du conseil scientifique, des hommes, à une ou deux exceptions près, les chefs d'entreprise qu'on entendait sur toutes les antennes, des hommes. Et pendant ce temps, les femmes, qui cumulaient souvent télétravail et garde d'enfants, explosaient littéralement. Les inégalités se sont creusées durant cette période, comme un boomerang après la révolution #MeToo. Le combat pour l'égalité n'est pas terminé. Je dédie ce livre à toutes les femmes qui n'ont pas eu ma chance, et n'ont pas les moyens de se défendre. Aujourd'hui je peux le dire sans bafouiller ni tergiverser : oui, je suis féministe.

« Être une femme puissante, c'est avoir le courage de déplaire. »

— LEÏLA SLIMANI

Elle a l'air douce, avec ses grands yeux noirs qui brillent et sa taille si fine. Leïla Slimani a quelque chose d'une Audrey Hepburn orientale. Elle a l'air de s'amuser de tout, de son succès comme des éloges. Et sourit toujours, peut-être pour cacher les failles de l'enfance et les fêlures de l'exilée. Elle sait qu'on dit qu'elle est le prototype de la femme arabe libérée et sexy, comme on les aime en France. Elle a eu le prix Goncourt à trente-cinq ans et vendu des millions de livres dans le monde. Née au Maroc, Leïla Slimani incarne aujourd'hui, pour le *Financial Times* ou les magazines indiens, l'élégance de la femme française.

**LÉA SALAMÉ**

Si je vous dis que vous êtes une femme puissante, que me répondez-vous ?

**LEÏLA SLIMANI**

Je suis surprise par cette phrase. Je ne sais pas si je suis une femme puissante – je suis une femme qui n'est pas impuissante, ce qui est déjà beaucoup.

**L. S.** Pourquoi les femmes ont-elles tant de mal à accepter ce qualificatif ?

**L. Sl.** Je crois que nous sommes élevées avec l'idée qu'il faut s'effacer, rester discrètes. Qu'il faut être là pour les autres, se sacrifier un peu pour eux. Virginia Woolf a écrit un texte très important pour moi : « L'Ange du foyer[1] ». Elle y décrit ce qu'est la femme idéale : c'est celle qui, quand elle fait à dîner, va garder le moins bon morceau pour elle ; qui, quand il y a un courant d'air, va s'asseoir précisément dans le courant d'air. En définitive, c'est celle qui va toujours penser aux autres avant de penser à elle. Pour être une femme puissante, je pense justement qu'il faut avoir le courage de déplaire, et accepter de décevoir en tant que mère, en tant qu'épouse et vis-à-vis des attentes que les gens ont de vous.

**L. S.** Qui avez-vous déçu ?

**L. Sl.** Tout le monde, et j'en suis finalement assez contente. Dans la mesure où je ne suis pas la mère parfaite qui est tout le temps là pour eux, je déçois aussi mes enfants. Parfois, je ferme la porte de mon bureau et

---

1. *Métiers de femmes*, conférence de Virginia Woolf publiée dans *Lectures intimes*, Robert Laffont, 2013.

leur dis : « Je ne peux pas vous voir parce que j'ai envie d'écrire. » J'ai pu décevoir ma propre mère en ne reproduisant pas certaines choses. Et peut-être mon époux. Tout le monde s'est adapté, et je pense que c'est ainsi qu'on acquiert une forme de puissance.

**L. S.** Et vous, avez-vous déjà été déçue par vous-même ?

**L. Sl.** Je me déçois sur certaines choses, dont mon manque de courage physique. Je suis quelqu'un d'assez peureux.

**L. S.** Je demande à chaque femme de choisir un objet qui incarnerait la puissance. Lequel avez-vous choisi ?

**L. Sl.** Les clés : elles permettent de pouvoir fermer la porte sur ses pensées et ses rêves, d'avoir une intimité et un lieu inaccessible aux autres. C'est ce que dit là encore Virginia Woolf : il est très important de pouvoir fermer la porte. Je pense aussi à cet autre livre qui s'intitule d'ailleurs *Les femmes qui lisent sont dangereuses* de Laure Adler[1] : si les femmes suscitent de la méfiance lorsqu'elles lisent, c'est parce que la lecture est un endroit qui vous retire du monde. Vous n'êtes plus accessible aux autres. J'ai donc choisi les clés et les livres, qui sont partout autour de moi, comme attributs de la puissance.

**L. S.** Vous dites : « Un homme qui écrit, c'est normal. Mais une femme qui choisit de faire garder son enfant pour écrire, c'est pour beaucoup quelque chose d'égoïste. » Les choses n'ont-elles pas changé ?

---

1. Flammarion, 2015.

**L. SI.** C'est en train de changer. La question de la maternité, pour les femmes écrivaines, est encore très compliquée. Alice Munro, Prix Nobel de littérature, canadienne, racontait que, quand sa fille de deux ans entrait dans la pièce alors qu'elle était en train d'écrire, elle la repoussait d'une main tandis qu'elle continuait à écrire de l'autre. « C'est terrible à dire, mais j'ai longtemps vu mes enfants comme des adversaires », dit-elle. Il est très dur pour une mère de voir ses enfants ainsi. Il m'est arrivé – comme à beaucoup d'autres – d'avoir l'impression que mes enfants étaient sur mon chemin, qu'ils m'empêchaient d'aller quelque part. Cela ne remet absolument pas en cause l'amour ni l'engagement que j'ai pour eux en tant que mère. Mais c'est un constat mélancolique qui vous fait dire « en réalité, j'ai perdu une part de ma liberté ». Et quand on est une femme qui s'est toujours battue pour avoir cette liberté, c'est un constat, oui, mélancolique.

**L. S.** Pensez-vous qu'on peut, comme les hommes, tout avoir : un couple, des enfants et une carrière ?

**L. SI.** Si c'est possible pour les hommes, ça doit l'être aussi pour les femmes. Il n'y a pas de raison que cela ne le soit pas. Aujourd'hui, on dit que les femmes sont arrivées au même niveau que les hommes, mais ce n'est pas vrai : les hommes n'ont jamais eu à faire tout ce que nous faisons. Nous menons carrière, mais en continuant de nous occuper des enfants et du foyer. Ce qui compte désormais pour les femmes n'est donc pas de faire plus, mais de *faire moins*. C'est notre prochain combat. Cela implique de laisser une place aux hommes, et de revoir la définition qu'on a du père. Un père, c'est l'égal d'une mère.

**L. S.** Le 3 novembre 2016, vous recevez le prix Goncourt pour votre livre *Chanson douce*[1], à seulement trente-cinq ans. Pourtant, à ce moment-là, vous semblez extrêmement maîtresse de vous-même, jamais débordée par vos émotions. Vous parvenez toujours à mettre les choses à distance ?

**L. Sl.** Quand on est écrivain, on vit les émotions de manière très forte, tout en les maîtrisant parce qu'on les raconte. Les écrivains ont cette distance propre aux mots. Ce qui m'intéresse est ce qui se passe dans ma tête. Recevoir le prix Goncourt me bouleverse, mais cela me permet surtout de *me raconter*. D'une manière générale, je n'aime pas montrer mes émotions. Je suis quelqu'un d'assez pudique et qui n'aime pas l'expansion. C'est la grande différence entre les acteurs et les écrivains : les premiers sont exhibitionnistes, tandis que les seconds sont impudiques.

**L. S.** Vous avez vendu des millions d'exemplaires partout dans le monde et avez été traduite en quarante-quatre langues. Quand on réalise son rêve à trente-cinq ans, n'est-ce pas un peu comme un « post coïtum animal triste » ?

**L. Sl.** Pendant un an et demi, j'ai fait beaucoup de festivals, de lectures et de voyages dans le monde entier afin d'assurer la promotion du livre – et c'était fabuleux. Je parlais constamment de littérature, d'écriture. Je n'étais plus une écrivaine, mais quelqu'un qui parlait de quelque chose qu'il ne faisait plus. Le sentiment d'imposture m'est insupportable. À la question : que fait-on après avoir reçu le prix Goncourt ? On travaille, c'est la seule

1. Gallimard, 2016.

chose à faire. Je mourais d'envie de retrouver ma solitude, mes personnages. Je vivais dans l'angoisse terrible de perdre cette voix intérieure qui est toute ma vie. Cela m'a pris beaucoup de temps. J'ai écrit un roman qui était mauvais et que j'ai abandonné; puis j'en ai commencé un autre. J'ai réembrassé l'échec, ce qui est tout à fait normal quand on est écrivain. Après avoir été félicitée, congratulée, cela fait beaucoup de bien d'échouer. C'est important.

**L. S.** Mais n'y a-t-il pas un risque à réussir trop tôt? À devenir un monument, un notable des lettres, ce qui serait contraire à la création?

**L. Sl.** Oui, d'autant que le jeu médiatique est devenu particulier. Au début, la presse a vu en moi une bonne cliente, « la jeune femme maghrébine qui a eu le prix Goncourt et est à l'aise dans les médias ». J'aurais pu glisser sur cette pente, mais ma passion pour la littérature et la solitude est si grande et sincère qu'elle me sauvera toujours.

**L. S.** Et ceux qui ont dit, au moment du Goncourt, que ce prix était symbolique? « Elle l'a reçu, pas tant pour la qualité du livre, mais parce qu'elle est femme, jeune, maghrébine. » Est-ce que ça vous a fait mal?

**L. Sl.** Pas du tout. D'abord, parce que c'est peut-être vrai. Et ça n'est pas très grave. Pour dire vrai, je m'en fiche, j'ai eu le prix Goncourt, mes lecteurs ont adoré le livre et il s'est vendu. Alors, après, les gens ont le droit de penser ce qu'ils veulent, ça ne me dérange pas.

**L. S.** « Je suis une Arabe comme ils aiment, une Arabe qui boit du vin, qui fume, qui parle littérature », dites-vous. Est-ce ainsi que les Français aiment les Arabes ?

**L. Sl.** Je pense que les Français aiment les Arabes qui s'intègrent bien, tout en gardant un côté « indigène sympathique » qui correspond à ce qu'ils attendent. Il m'est arrivé de rencontrer des gens qui se réjouissaient de ce que je représente, au point de dire parfois, sans s'en rendre compte, des choses assez malvenues et qui s'apparentent à une forme de racisme inversé. Moi, ça m'amuse. Je leur répondais : « Ça vous plaît que je mange du jambon et que je boive un verre de vin avec vous, je suis l'Arabe comme vous l'aimez. » Cette franchise perturbe, surprend (d'autant que je suis quelqu'un de poli), mais il est important de tendre ce genre de miroir aux gens.

**L. S.** Nous sommes dans votre bureau, là où vous travaillez. Vous êtes en train de terminer votre livre, que vous allez rendre à votre éditeur dans quelques semaines. Vous écrivez à la main, sur un cahier…

**L. Sl.** J'écris toujours la première mouture du livre à la main, avant de le taper sur ordinateur.

**L. S.** C'est une toute petite pièce tapissée de photos de femmes et d'hommes, et d'extraits de journaux.

**L. Sl.** Il y a Simone Veil, Marguerite Duras, la poétesse russe Anna Akhmatova, Simone de Beauvoir… Elles forment ce que j'appelle mon « matrimoine ». Il est important d'avoir des femmes auxquelles s'identifier et qui nous font rêver. Bien sûr, il y a aussi des hommes. Notamment cette photo magnifique de mes deux idoles : Tchekhov et Tolstoï. Ils sont en train de discuter, peut-être de littérature. Il y a aussi le romancier américain

Philip Roth, qui est extrêmement important pour moi et m'a beaucoup inspirée. Ainsi qu'Émile Zola. J'ai appelé mon fils Émile en hommage. Et il y a tous les gens que j'aime : mes enfants, mes parents, mon père (un peu partout), ma mère…

**L. S.** Marguerite Duras, Simone de Beauvoir, Simone Veil : n'est-ce pas un peu conformiste comme choix ?

**L. Sl.** Ce sont des femmes que j'ai rencontrées quand j'étais très jeune, du fait de mon éducation classique et, justement, assez conformiste. Ce sont des bourgeoises, comme moi. Leur vie aurait dû être dessinée et toute tracée ; mais, à un moment, elles sont sorties du chemin, pour des raisons qu'elles ont choisies, ou pas. Simone Veil ne l'a évidemment pas choisi, car elle a été déportée. Marguerite Duras a vécu dans une colonie française avec une mère assez particulière. Simone de Beauvoir a eu une passion pour la littérature et pour Jean-Paul Sartre. J'aime l'idée que ces femmes, au départ des petites-bourgeoises un peu « fades » et sans rien de particulier, vont devenir des êtres incroyables. Elles vont avoir un destin.

**L. S.** Je vous ai demandé de choisir une chanson qui incarne la puissance des femmes. Vous avez choisi « You Don't Own Me » (« Je ne t'appartiens pas »), de Lesley Gore. Pourquoi ce choix ?

**L. Sl.** C'est une chanson que mon père nous faisait beaucoup écouter. Un jour, je devais avoir cinq ou six ans, il m'a grondée pour je ne sais quoi, et j'ai répondu. Cela ne se faisait pas dans ma famille, régie par une éducation patriarcale. « On ne répond pas à son père », m'a-t-il dit. « C'est ma bouche et je dis ce que je veux ! », lui ai-je lancé. Après cet épisode, on m'a surnommée « C'est ma bouche ». Mon père aimait beaucoup ça. Il m'a regardée : « C'est très bien, ça ! Retiens, c'est ta bouche, et tu dis ce que tu veux. » J'ai grandi dans un pays où il est naturel de dire à une femme quoi faire, comment s'habiller, « tais-toi », « ne reste pas avec tes jambes ouvertes », « tiens-toi bien ». J'aime beaucoup cette chanson parce que le jour où j'ai compris que je n'appartenais à personne et que c'était mon destin, ç'a été très libérateur.

**L. S.** Leïla Slimani, parlez-moi de votre père, Othman Slimani. Pourquoi a-t-il joué un rôle si important dans ce que vous êtes devenue ?

**L. SI.** Il y a une photo de lui que j'aime particulièrement. Il est beau, il doit avoir trente ans et il est ministre des Finances (le plus jeune ministre de l'histoire du Maroc). C'est un jeune homme de la médina de Fès, issu d'un milieu modeste et extrêmement brillant. Tellement brillant qu'on l'a inscrit à l'École coloniale et qu'il y fera des études. Évidemment, il va prendre ses distances avec sa culture traditionnelle pour devenir un homme différent de ce à quoi il était prédestiné. Encore cette histoire de sortir du chemin qu'on a pavé pour vous... Et puis mon père était un homme très secret, très pudique. Il avait une passion pour la littérature et, de manière générale, pour la connaissance. Il pensait que le but d'une vie était d'apprendre. Pour lui, passer son existence à lire des livres avait un sens. En même temps, c'est un homme qui a été brisé. Il a dirigé une très grande banque et a été impliqué dans un scandale financier. Un jour, il est rentré à la maison et il a dit : « Voilà, c'est fini. » J'avais treize ans. Je n'ai pas compris ce qui se passait. Ce qui était fini, c'était son travail. Tout était fini, plus jamais il ne retravaillera, et ce jusqu'à sa mort. Il restera assis, toujours à la même place, pendant des années, à lire et à attendre que le téléphone sonne. Je me rappelle ; le téléphone sonnait, il se levait systématiquement et demandait : « C'est qui ? », et je lui répondais : « C'est pas pour toi. » C'était terrible, car il attendait que quelqu'un l'appelle pour lui dire qu'il pourrait de nouveau travailler, et je lui apportais toujours cette déception. Quand le roi Mohammed VI est arrivé au pouvoir, il y a eu une grande purge pour la moralisation de la vie publique. Mon père, alors âgé de soixante et un ans, a été emmené en prison et ne s'en est jamais remis. À sa sortie, il n'avait plus goût à la vie et ne pouvait plus supporter le regard des autres. Il est mort de chagrin.

**L. S.** Comment une fille de treize ans vit-elle le déclassement de son père ? Que ressentiez-vous ?

**L. Sl.** De la colère, peut-être même de la haine. Et en même temps, une immense libération : j'avais donc raison de haïr ces gens que je trouvais conformistes et idiots. J'ai aussi compris qu'il fallait, dans la vie, ne compter que sur soi, sur la solitude, sur les êtres qu'on aime, et ne rien attendre des autres. Cela m'a aussi permis de rencontrer mon père. C'est triste, mais au moins il était là, et j'ai pu beaucoup parler avec lui. J'ai aussi rencontré mon pays : avant, je vivais dans une bulle et, d'un coup, j'ai compris la violence et l'arbitraire propres au Maroc, choses que je n'aurais pas saisies si mon père n'avait pas eu ce destin-là. Après sa mort, il a reçu des excuses publiques de l'État marocain. Il a été blanchi, innocenté.

**L. S.** Vous avez voulu le venger, votre père ?

**L. Sl.** Mais je le venge tous les jours ! Tout ce que je fais est pour venger mon père. J'écris pour le venger, pour limer les barreaux de sa prison. J'ai l'impression que mes livres lui donnent une autre vie. En prison, il lisait énormément et affirmait que cela lui permettait de se sentir dehors. En écrivant, je lui permets de sortir de prison, d'avoir un autre destin. D'ailleurs, je fais pas mal de lectures en prison, parce que je vois à quel point la lecture est très importante pour les détenus.

**L. S.** Quelles leçons en avez-vous tirées sur le succès – le statut qu'il apporte –, ainsi que sur l'hypocrisie sociale ?

**L. Sl.** C'est ce que je vous disais tout à l'heure : je ne serai jamais grisée, car je sais que tout peut s'écrouler en quelques secondes. Quand on réussit, on est ami avec plein de gens. J'en profite à fond. Je ne suis pas cynique ni bégueule. Mais je ne compte absolument pas dessus, je n'ai peur de rien perdre, à part évidemment mes enfants et les gens que j'aime. Mais je n'ai peur de rien perdre, je ne suis attachée à rien.

**L. S.** Est-ce pour ces raisons que vous avez refusé d'être la ministre de la Culture d'Emmanuel Macron ?

**L. Sl.** Oui, le pouvoir me fait très peur. En réalité, il ne m'intéresse pas. Je n'en ai pas le goût. J'aime tant la solitude qu'il serait compliqué pour moi de vivre dans un ministère et de passer mon temps à faire des réunions, à discuter avec les gens. Moi, j'aime le silence, ma vie intérieure. J'aime pouvoir être ma seule maîtresse. C'est le plus grand luxe qu'on puisse avoir dans une vie.

**L. S.** Leïla Slimani, la beauté est-elle un instrument de la puissance ?

**L. Sl.** Oui, définitivement. C'est un instrument que j'ai utilisé, mais toujours gentiment.

**L. S.** Comment utilise-t-on *gentiment* la beauté ?

**L. Sl.** Je ne vais pas être hypocrite : être jolie aide. J'ai toujours utilisé la beauté quand j'avais envie de séduire quelqu'un.

**L. S.** Êtes-vous une séductrice ?

**L. Sl.** Oui, je le pense. J'aime ça et je trouve même que c'est un exercice, un art – « l'art de la séduction » –, qu'on peut utiliser avec différents outils, comme l'intelligence, l'esprit, la beauté, l'humour, bien sûr. C'est un art très agréable. Il est d'ailleurs plaisant de vivre dans un pays comme la France, où l'on manie la séduction. Ce n'est pas le fait de tous les pays. Il y a beaucoup d'endroits où les gens s'en méfient.

**L. S.** Enfant, vous lisiez le magazine *Elle* et vous aviez du mal à vous identifier aux mannequins, aux stars, parce que vous ne retrouviez pas votre visage.

**L. Sl.** Je ne le retrouvais chez personne. Dans les romans que j'aimais, aucun des personnages ne me ressemblait. Cela ne m'a pas empêchée de m'identifier. James Baldwin, un écrivain noir américain que j'aime beaucoup, raconte qu'il regardait les westerns quand il était petit et voulait que les Blancs tuent les Indiens. Il voulait embrasser Joan Crawford et se sentait blanc quand il visionnait ces films-là : enfant, on s'identifie aux personnages qui nous émeuvent et nous bouleversent. C'est une des choses merveilleuses que nous apprend la littérature : on peut toujours se mettre à la place de l'autre.

**L. S.** James Baldwin s'est senti blanc. Et vous, vous vous sentez quoi ?

**L. Sl.** Je ne me sens rien. C'est pour ça que je suis écrivaine. L'écriture est une manière de se constituer une identité particulière, à soi. Je ne sais absolument pas qui je suis.

**L. S.** Et quand on dit de vous que vous représentez « le charme oriental » ?

**L. Sl.** Cela me fait rire. Je ne sais pas trop ce qu'est le « charme oriental ». Je soupçonne même des fantasmes un peu ringards, rances. Je ne sais pas faire la danse du ventre, je ne mets pas de voiles colorés sur ma tête, si c'est ce dont il est question. Un travers consiste à enfermer le monde arabo-musulman dans la même enveloppe : une Marocaine n'est pas une Libanaise ni une Algérienne, encore moins une Jordanienne. Nous sommes tous et toutes très différents. Nous n'avons pas la même langue, pas la même culture, pas les mêmes références. Je trouve ça englobant, pas très pertinent.

**L. S.** Les portraits qu'on lit de vous disent toujours « la frêle et douce Leïla Slimani ». Frêle, vous l'êtes ; mais douce ?

**L. Sl.** Je pense être quelqu'un d'assez doux. Mon père m'a dit un jour quelque chose de très vrai et qui m'a toujours poursuivie : « Le jour où l'on reconnaîtra que les femmes ont autant de défauts que les hommes, ça voudra dire qu'on est enfin égaux. » Il avait entièrement raison. Cette idée d'enfermer les femmes dans l'image de la douceur et de la gentillesse nous contraint. On *doit être* douces, on *doit être* gentilles... Ce qui est supposé être défini par nature devient pour les femmes une prison.

**L. S.** Les héroïnes de vos romans sont tout sauf lumineuses. C'est la noirceur qui anime le personnage de la nounou dans *Chanson douce*. *Dans le jardin de l'ogre*[1] mettait en scène une nymphomane. C'est l'idée de pulsion qui vous intéresse chez les femmes ?

**L. SI.** Oui, parce que les femmes sont élevées avec cette idée de la maîtrise : maîtrise du désir pour ne pas exciter les hommes ; maîtrise de la parole parce qu'il ne faut pas trop parler et rester pudique ; maîtrise de l'égoïsme car il faut élever les enfants. J'aime cette idée que, de temps en temps, des brèches s'ouvrent. On élève les femmes avec l'idée d'un effet domino. C'est ce qu'explique Fatima Mernissi, une grande sociologue marocaine : en dépassant la frontière, la femme va faire quelque chose qui était interdit, et tout va s'écrouler. La maison s'écroule, le village s'écroule et, avec lui, le clan tout entier sera déshonoré. Elle sera donc responsable de tout. « Toi, petit individu, tu es obligée de te tenir parce que tu vas jeter l'opprobre sur tous les autres ! » Comment la brèche s'ouvre-t-elle ? C'est ça qui m'intéresse. Fatima Mernissi a beaucoup compté dans ma vie. C'était une très bonne amie de mon père. Ils ont fait leurs études ensemble. C'était une femme d'une générosité extraordinaire, très subversive. Elle a vécu sa vie librement, sans jamais rendre de comptes à personne. Elle, pour le coup, avait un courage physique incroyable. « Regardez-nous au-delà du voile, disait-elle. Regardez-nous autrement ! »

1. Gallimard, 2014.

**L. S.** Vous dites : « Je suis contre le voile, qui est un signe de soumission féminine, mais je ne suis pas contre les femmes voilées. »

**L. SI.** Jamais je ne me battrai contre les femmes voilées, parce que ma bataille est menée pour la liberté des femmes et le libre choix. Si une femme a envie de se voiler, jamais je n'irai m'immiscer dans ce choix-là. Mais je me battrai toujours contre ceux et celles qui veulent l'imposer. Ceux qui pensent qu'on devrait toutes le porter. Ceux qui pensent qu'une petite fille de six ans est un objet sexuel et doit cacher ses cheveux parce qu'elle excite les hommes. Je me battrai toujours contre eux. Mais j'attends aussi des femmes voilées qu'elles prennent la défense de celles qui ne le portent pas, ou sont traitées de prostituées quand elles mettent une minijupe. Cette défense devrait être réciproque. Il est dommage qu'on nous monte toujours les unes contre les autres. Cette liberté de porter quelque chose devrait pouvoir s'attacher à tout, que ce soit le voile ou la minijupe.

**L. S.** Justement, quel est le rôle des femmes dans la permanence du patriarcat, notamment au Maroc et au Maghreb ? On incrimine les hommes, mais les femmes et les mères n'ont-elles pas un rôle presque supérieur quand elles éduquent leurs filles différemment de leurs garçons ? D'un côté, le garçon est le roi ; de l'autre, la fille a pour impératif de se trouver un mari.

**L. SI.** Mais bien sûr ! Elles disent à leurs filles de ne pas sortir dans la rue avec une minijupe – alors qu'elles pourraient tout aussi bien apprendre à leurs garçons qu'une fille avec une minijupe n'est pas nécessairement une « pute ». Elles diront aux filles de faire attention aux hommes car ce sont des violeurs, mais pourquoi n'enseignent-elles pas aux garçons qu'on n'a pas le droit de violer une femme ? L'injonction est toujours mise sur le dos de la fille, jamais sur celui du garçon. Il y a donc un énorme travail à faire de la part des mères. Au Maroc, tout cela n'avance pas beaucoup. Il y a même un cercle vicieux, qui confine presque à un exercice de vengeance : parce que certaines mères ont subi, pourquoi est-ce que leurs filles ne subiraient-elles pas aussi ? Sous couvert de les protéger, elles perpétuent cette domination.

**L. S.** Aujourd'hui, qu'est-ce qu'être une femme de plus de trente ans, pas mariée et sans enfants, au Maroc ?

**L. Sl.** Ce n'est pas facile. Mais tout dépend où. Si vous habitez le centre-ville de Casablanca ou de Marrakech, c'est moins compliqué que dans une ville reculée, au sein d'une famille traditionnelle, etc. Comme dans beaucoup de pays du Maghreb, les gens ont des modes de vie extrêmement différents. L'important est qu'on ne nous résume pas à des êtres religieux. Nous sommes aussi des êtres politiques, avec une histoire.

**L. S.** En avez-vous marre d'être réduite à « musulmane » ?

**L. Sl.** Bien sûr que j'en ai marre. Je me bats contre ça. J'ai grandi dans un pays où la religion est une religion d'État. Vous n'avez pas le choix : vous êtes musulmane de la naissance jusqu'à la mort.

**L. S.** Êtes-vous musulmane ?

**L. Sl.** D'après mes papiers, je suis musulmane. Alors que je considère la religion, justement, comme quelque chose d'intime. Je me bats pour qu'on ne pose plus la question aux gens.

**L. S.** Êtes-vous croyante ?

**L. Sl.** Non.

**L. S.** À l'instar du scandale Weinstein, les mouvements #MeToo et #BalanceTonPorc ont permis la libération de la parole des femmes, comme si elles n'avaient pas parlé avant. Et il y a eu une contre-réaction, la fameuse tribune des cent femmes publiée dans le journal *Le Monde*[1]. Vous leur avez répondu dans une autre tribune, « Un porc, tu nais ? »[2].

**L. Sl.** Oui, j'ai donné mon avis, qui est très différent du leur. Je pense que l'important pour les femmes, aujourd'hui, est de réussir à obtenir le droit de ne plus être importunées. Un homme qui importune une femme est un homme qui s'avilit.

**L. S.** Les femmes qui ont signé cette tribune sur la « liberté d'importuner » disent craindre le retour du puritanisme ou une guerre des sexes…

**L. Sl.** Je ne vois pas en quoi l'égalité entre les hommes et les femmes, ou le fait de protéger les femmes contre les agressions, signifie le retour du puritanisme. Je réclame le droit à notre juste part du monde. Je réclame la justice, non la vengeance. Le combat pour l'égalité n'a rien à voir avec une guerre des sexes. Tout cela n'a aucun

---

1. « Nous défendons une liberté d'importuner, indispensable à la liberté sexuelle », *Le Monde*, janvier 2018.
2. *Libération*, janvier 2018.

sens. Moi, j'aime les hommes. Vivre ensemble est quelque chose de merveilleux. Je suis mère d'un garçon que je ne vais pas élever avec l'idée que les hommes devraient rendre quelque chose qu'ils auraient volé aux femmes. Les hommes vont trouver dans cette révolution beaucoup de bénéfices. À mon avis, la révolution masculine sera la prochaine étape.

**L. S.** Et ce sera quoi, les hommes, dans dix, quinze ans ? Comment sera votre fils dans vingt ans ?

**L. Sl.** Il me surprendra. Il inventera quelque chose. C'est ça, la liberté : la possibilité de s'inventer soi-même. Mes parents me l'ont apprise, et j'essaie de l'enseigner à mes enfants.

**L. S.** Vous dites : « Je suis féministe et je le revendique. » C'est assez étonnant, Leïla Slimani, pour une jeune femme de trente-huit ans. Votre génération, qui est aussi la mienne, a toujours eu du mal à dire : « Je suis féministe. » Quand on nous pose la question, nous bredouillons toujours quelque chose comme « oui, mais... ». Vous, vous l'assumez franchement.

**L. Sl.** Je l'assume, j'en suis fière, et c'est une part très importante de mon identité et de ma vie. Là encore, j'ai grandi dans un pays où nous n'héritons pas comme les garçons. Où nous n'avons pas le droit d'avorter (il y a six cents avortements clandestins par jour au Maroc). Un pays où les relations sexuelles hors mariage sont interdites. J'ai grandi dans un pays où un mari pouvait répudier sa femme, prendre ses papiers et ses enfants – je l'ai vu de mes propres yeux. Quand j'étais petite, ma famille qui vivait en Algérie est venue au Maroc pour fuir la décennie noire. Je me souviens de ces récits de lycéennes de dix-sept ans égorgées parce qu'elles refusaient de mettre le voile. Pour moi, le féminisme a été une *évidence absolue,* une question de vie ou de mort. Ce n'est pas une petite idéologie d'emprunt ou un combat abstrait. Les images des femmes afghanes en burqa dans les années 1990-2000 m'empêchaient littéralement de dormir. Être féministe, c'est défendre les droits de l'Homme avec un grand H. On me demande souvent, surtout à l'étranger d'ailleurs, si le personnage principal de mon prochain livre sera *enfin un homme.* Je suis chaque fois étonnée par cette question. Il se trouve que je suis absolument fascinée par les femmes. J'ai une passion pour elles. J'ai toujours adoré les actrices, les femmes qui m'entouraient, les anonymes, ma mère, ma grand-mère… Toutes celles que j'ai connues m'ont captivée par leur beauté, leur mystère. Je pense que je n'aurai pas assez d'une vie pour écrire tous les romans que j'ai envie d'écrire sur les femmes. L'amour de la féminité et le mystère des femmes m'habitent profondément.

**L. S.** Êtes-vous pour ou contre la féminisation des mots ? Dites-vous que vous êtes une « autrice » ?

**L. Sl.** C'est beau, « autrice ». C'est un très vieux terme qui, je crois, remonte au XVIe siècle. C'est un mot magnifique, à l'histoire compliquée. L'« auteur » est celui qui a l'autorité. Dans les moments très misogynes et patriarcaux, on refusait l'idée d'autrice en avançant qu'une femme ne peut pas avoir l'autorité, elle ne peut pas être source. De toute façon, la langue est plus forte que les gens, elle va plus vite qu'eux. La langue est plus intelligente que les gens. Quand on passe sa vie à travailler avec les mots, on le constate tous les jours. Le langage nous dépasse, nous transcende. C'est pour cela qu'il est magnifique.

**L. S.** « Ma patrie, c'est la langue française », disait Albert Camus.

**L. Sl.** C'est aussi la mienne, bien sûr. Ma patrie, c'est la langue. Et c'est une langue française qui n'est plus une langue ethnique, qui n'est plus la France elle-même... C'est une langue française marocaine, haïtienne, sénégalaise, etc.

**L. S.** Vous allez faire sursauter des gens ! À l'Académie française, nombreux sont ceux qui disent défendre la pureté de la langue française. Même quelqu'un comme Michel Serres, par exemple, grondait quand on utilisait des mots anglais, ce qu'il appelait le « globish ».

**L. Sl.** Ce n'est pas pareil. Quand on intègre des mots d'arabe ou de wolof dans la langue française, cela provient de pays où le français est la langue officielle. Il s'agit de la créolisation de la langue. Cette dernière va se mélanger avec les langues d'autres pays. C'est très différent du « globish ».

**L. S.** « Tous mes personnages mentent ou se mentent », écrivez-vous. Et vous, vous mentez souvent ?

**L. Sl.** Tout le temps.

**L. S.** Vous avez beaucoup menti pendant cet entretien ?

**L. Sl.** Pas tellement. Il se trouve que je suis fatiguée. Pour bien mentir, il faut que je sois en forme.

# « La puissance, c'est la responsabilité. »

— **CHLOÉ BERTOLUS**

Pas facile d'arriver jusqu'à elle. Il faut traverser l'immense Pitié-Salpêtrière, son dédale de ruelles et de départements. Et puis la voilà : blonde et lumineuse. Elle propose un thé vert dans son bureau blanc, rempli de plantes, de l'hôpital public. Elle parle vite, va à l'essentiel. Pas de temps à perdre. Il faut dire qu'elle sauve des vies, refait les gueules cassées, répare les grands blessés et les malades du cancer. Son CV est impressionnant : professeure des universités, cheffe de service d'une des unités les plus pointues de la médecine moderne : la chirurgie maxillo-faciale. Un livre l'a révélée au grand public : *Le Lambeau*, de Philippe Lançon. Elle y apparaît sous son simple prénom, Chloé, la chirurgienne qui répare le visage arraché du journaliste de *Charlie Hebdo*. Son portrait y est tellement beau que Fabrice Luchini a choisi de le lire au théâtre. Une grande médecin devenue héroïne littéraire est forcément une femme puissante.

**LÉA SALAMÉ**

Si je vous dis que vous êtes une femme puissante, vous me répondez quoi ?

**CHLOÉ BERTOLUS**

Je suis entre le rire et les larmes. Le rire, parce que ce qualificatif me paraît hors de propos, en ce qui me concerne. Et un peu les larmes, car en accédant aux postes à responsabilités, on se souvient de cette époque où, lorsqu'on était externe ou interne, être le patron était quelque chose d'incroyable. Sauf que dans les carrières hospitalo-universitaires on a les responsabilités sans le pouvoir. On a beaucoup de comptes à rendre à beaucoup de monde. Et le premier à qui l'on rend des comptes, c'est le patient. En tant que cheffe de service, je n'arrête pas de prendre des décisions. Qu'elles soient suivies d'effets est un autre problème. C'est le grand dilemme dans lequel on se retrouve dès lors qu'on est à ce type de poste.

**L. S.** Vous qualifiez-vous de chirurgien ou de chirurgienne ?

**C. B.** Je ne suis pas chirurgienne, car je n'aime pas la sonorité de ce mot. À l'université, lorsqu'on s'adressait à son professeur, on nous apprenait à écrire « Cher Maître ». Quand j'ai moi-même été nommée professeure, tous mes anciens internes m'ont écrit des lettres commençant par « Chère Maîtresse », ce qui nous faisait beaucoup rire ! La féminisation comporte quelques écueils.

**L. S.** La chirurgie est l'un des corps médicaux les moins féminisés : seul un chirurgien sur cinq est une femme. Est-ce parce que les femmes n'osent pas aller vers cette pratique ? Comment l'expliquez-vous ?

**C. B.** J'ignore d'où vient l'appétence, ou pas, pour la chirurgie. Ici, beaucoup de filles deviennent internes ou cheffes de clinique. Mais le modèle du chef de service de chirurgie reste encore celui de l'homme jouissant d'une aide considérable à la maison. La carrière universitaire est extrêmement difficile. Pour devenir professeur de médecine, il faut faire vingt ans d'études – pas cinq, ni dix, mais vingt ans. Si l'on veut y arriver et avoir une vie de famille, il faut un environnement très structuré et structurant. Pour ma génération et celle du dessus, les femmes n'ont pas forcément eu la carrière qu'elles méritaient parce qu'elles devaient faire beaucoup de choses en plus, notamment s'occuper de la famille. Mais les choses changent. Aujourd'hui, je ne pense pas que les filles n'osent pas devenir chirurgiens. C'est surtout une question d'envie.

**L. S.** Les femmes chirurgiens sont-elles toujours bien reçues au bloc ? Y a-t-il encore des gens qui disent préférer être opérés par un homme plutôt que par une femme ?

**C. B.** Je ne l'ai jamais entendu. En revanche, j'ai déjà assisté à l'inverse, qui est tout aussi sexiste : penser qu'une femme chirurgien aura des gestes plus doux, qu'elle sera plus minutieuse ou fera plus attention qu'un homme. Alors que ces qualités ne sont pas genrées, comme on dit aujourd'hui.

**L. S.** « Je ne me suis jamais dit que quelque chose m'était interdit parce que j'étais une femme, j'ai toujours eu ce que je voulais », dites-vous.

**C. B.** Quand je ne réussis pas quelque chose, je ne me dis jamais que c'est parce que je suis une femme. J'accuse plutôt le fait de ne pas avoir assez travaillé, ou mon manque de courage. Je ne me suis jamais posée en victime de ma féminité.

**L. S.** Les chirurgiens ont la réputation d'avoir un ego surdimensionné. Est-ce la même chose pour les femmes chirurgiens ?

**C. B.** Pour un chirurgien, l'ego surdimensionné est une impérieuse nécessité. Au moment de prendre un bistouri pour ouvrir la peau d'un de ses congénères et l'opérer, il faut avoir en soi une forme de certitude – si fausse soit-elle – qu'on est *la* bonne personne, au bon endroit, au bon moment. Cela relève peut-être de l'inconscience, mais signifie surtout que le geste qu'on s'apprête à faire est le meilleur qui soit. Si ce n'est pas le cas, vous avez le devoir moral de confier ce patient à quelqu'un d'autre. Car il y aura toujours meilleur que vous. Cet ego est donc nécessaire. Un vers de Sophocle dit : « Un bon médecin ne chante pas de formules magiques sur un mal qui réclame le scalpel. »

**L. S.** Quel objet, pour vous, évoquerait la puissance des femmes ?

**C. B.** Mon vieux stylo-plume Montblanc. Il doit avoir au moins vingt-cinq ans et m'a été offert par mon amoureux de l'époque, quand j'ai commencé à préparer l'internat. Cette marque, c'était le symbole du médecin. Me l'offrir, c'était me dire de regarder au-delà de l'obstacle, que j'allais le passer et y arriver. L'avoir encore au bout de vingt-cinq ans est assez magique, car les stylos se perdent tout le temps. Les études de médecine sont longues, difficiles, et nécessitent de la pugnacité plus que de l'intelligence. Cette bosse que j'ai encore sur le majeur date de la préparation de l'internat, quand j'écrivais et je travaillais.

**L. S.** La chirurgie maxillo-faciale consiste à reconstruire les visages des grands blessés ou des personnes atteintes de cancer. Vous avez dit avoir choisi cette spécialité parce que « les gens avaient la réputation d'être sympas ». Vraiment ?

**C. B.** On choisit la médecine ou la chirurgie selon son besoin de gratification immédiate. Et j'ai trouvé dans cette spécialité des gens très sympas, tout simplement. En tant qu'externe puis interne, on passe dans beaucoup de services, on rencontre des personnalités différentes. C'est une des raisons pour lesquelles les études de médecine, en France, sont à ce point phénoménales : très tôt, on est plongé auprès des patients dans l'atmosphère de l'hôpital. On a une vingtaine d'années quand on fait son premier stage à l'hôpital et qu'on voit ses premiers morts. C'est jeune, ce n'est pas le lot commun.

**L. S.** Qu'avez-vous ressenti la première fois que vous avez vu un mort ?

**C. B.** Je devais avoir dix-neuf ans. J'ai eu cette prise de conscience précoce comme tous les étudiants en médecine. Tenez, par exemple, le lendemain matin de l'attaque du Bataclan, lors des attentats du 13 novembre 2015, nous nous sommes réunis, avec l'équipe de « maxillo », dans le bureau des internes. Je me souviens de cette jeune externe qui avait été de garde au SAMU. Elle avait la vingtaine et me demandait, complètement survoltée, ce qu'elle pouvait faire. Quand j'ai compris que, la veille, elle était sur place alors que la zone n'était pas encore sécurisée, qu'il y avait des tirs de balles partout et qu'ils avaient dû se coucher au fond du camion, puis avaient transporté les blessés toute la nuit, je lui ai dit de rentrer chez elle. C'était la meilleure chose à faire. Cette fille m'a beaucoup frappée. Je voyais son traumatisme en direct. Son état d'agitation en était la signature. C'est un exemple extrême. À petite échelle, voilà ce qui se passe pour chacun d'entre nous, lorsque nous passons notre baptême du feu, lorsque nous faisons face à la mort. C'est notre métier.

**L. S.** Vous êtes médecin, chirurgien, cheffe de service. Un jour, vous êtes aussi devenue personnage de roman. Le journaliste Philippe Lançon a fait partie des victimes de l'attaque terroriste contre la rédaction de *Charlie Hebdo*, en janvier 2015. De cette épreuve, il en a tiré un livre, *Le Lambeau*[1], dans lequel il raconte le drame, son arrivée en urgence dans votre service, et les dizaines d'opérations qu'il a subies. Vous avez reconstruit son menton et sa bouche, qui étaient totalement arrachés. Vous êtes-vous reconnue en lisant son livre ?

**C. B.** C'est impossible à dire. Mon entourage a reconnu des bribes ; sur d'autres aspects, non. Et c'est normal. Philippe Lançon ne connaît pas ma vie en dehors de l'hôpital. Mon métier tient une part extrêmement importante dans mon quotidien – tant en volume qu'en implication –, mais ce n'est pas ma vie. Certains des passages de son livre sont forcément caricaturaux, voire durs. Par exemple, lorsqu'il me fait dire à des étudiants : « Si vous ne réussissez pas cet examen, je ne veux plus jamais vous voir. » Tout cela n'a pas de sens, c'est même impossible.

**L. S.** Vous retenez ce passage, mais le portrait de femme qu'il fait de vous est magnifique. Le livre vous a d'ailleurs apporté une lumière inédite. Du reste, Philippe Lançon ne vous appelle ni « professeure » ni

1. Gallimard, 2018.

« Mme Bertolus », mais « Chloé ». Vous êtes la Chloé du *Lambeau*.

**C. B.** C'est le sort des femmes. Si j'avais été un homme, que je m'étais appelée Paul, on ne m'aurait pas désignée par mon prénom. Je fais ce constat tous les jours. Mon prédécesseur, le professeur Patrick Goudot – celui qui, comme le veut la filiation universitaire, m'a nommée à sa suite –, insiste considérablement, chaque fois qu'il parle de moi : « Vous demanderez à Mme le professeur Bertolus. » Bien avant le livre de Philippe Lançon, il avait remarqué que tout le monde m'appelait Chloé.

**L. S.** Philippe Lançon vous surnomme aussi « la fée imparfaite ». Il s'en explique :

> C'est une fée dans la mesure où elle a présidé à ma reconstruction, et imparfaite parce que c'est une femme, un être humain. Le chirurgien est un personnage tout-puissant à qui le patient veut accorder une toute-puissance. En même temps, comme ce n'est pas un personnage tout-puissant, le patient lui en veut de ne pas avoir les solutions immédiates qu'il voudrait avoir. J'ai raconté ce « pas de deux » qu'on avait ensemble avec toute l'équipe, qui est essentiel et qui m'a appris que le patient est quelqu'un qui doit y mettre du sien. Ce n'est pas un enfant ou un oiseau qui attend la becquée. Chloé, qui connaît les tragédies grecques, a été très socratique : elle m'a fait accoucher de toutes les possibilités de moi-même, pour me reconstruire[1].

**C. B.** C'est une analyse inédite et drôlement intéressante. En tout cas, elle me parle. Un patient atteint de

1. La Matinale, France Inter, 2018.

quelque chose de grave, qui va être vu, opéré souvent, va créer avec son chirurgien une relation fondée sur la durée. Quand Philippe Lançon dit qu'on « prête de la toute-puissance à son chirurgien », cela signifie qu'on pense qu'il connaît quelque chose de soi qu'on ignore. Bien que je ne sois pas une grande férue de psychanalyse, cela relève d'un schéma de transfert.

**L. S.** Est-ce que cela ébranle davantage lorsqu'on soigne un rescapé de *Charlie Hebdo* ou d'un autre attentat terroriste ? Ou est-ce la même chose ?

**C. B.** Les circonstances de l'arrivée de Philippe Lançon dans le service – et quelques mois plus tard celles des rescapés des attentats du 13 novembre 2015 – ont été un événement perturbant. Il y avait une ambiance particulière autour de ces blessés. Quand il a été transporté à l'hôpital, j'étais à la pizzeria d'à côté avec une amie qui me parlait du dernier livre de Michel Houellebecq. Au moment où le serveur m'a apporté mes pâtes, mon téléphone s'est mis à sonner. À l'autre bout, on m'avertissait qu'un blessé venait d'arriver au bloc, que tous les autres chirurgiens étaient occupés, qu'il fallait que je vienne. Nous savions qu'il y avait eu, un peu plus tôt, une fusillade à la rédaction de *Charlie Hebdo*, mais personne ne savait à quel point nous étions concernés. J'ai dit : « Merde, mes pâtes », et je suis partie. C'était la première fois que j'entrais au bloc opératoire entourée de types armés. Mais si les circonstances étaient particulièrement exceptionnelles, la blessure de Philippe Lançon, en soi, n'avait rien d'inédit. Comme il l'a d'ailleurs écrit dans son livre, il ne faisait pas partie des cas désespérés. À part quelques hésitations, nous savions ce qu'il fallait faire. Si quelqu'un d'autre avait été disponible – et pas en train de déjeuner –, il aurait été à ma place. Je me suis retrouvée être le chirurgien de Philippe Lançon par hasard.

**L. S.** Son livre a été un énorme succès en librairie, mais aussi au théâtre, lu par Fabrice Luchini. Qu'est-ce que la notoriété a changé dans votre vie ?

**C. B.** Pour moi, ç'a été l'occasion de faire parler de notre spécialité, qui est en fait extrêmement méconnue.

**L. S.** Philippe Lançon dit que vous auriez pu être arrogante. Est-ce vrai ?

**C. B.** Je ne suis sans doute pas dénuée d'arrogance.

**L. S.** Vous dites aussi assumer que vous êtes rude, comme l'est le milieu hospitalier en général. Faut-il s'endurcir pour vivre ici, à la Pitié-Salpêtrière ?

**C. B.** Si l'on n'est pas un peu costaud, un peu *tough* comme disent les Anglo-Saxons, il vaut mieux s'en aller. La médecine est un métier dur, car on s'occupe de gens qui ne vont pas bien. Cela nécessite une certaine résistance. J'ai passé le concours de médecine en mai 1990, et j'ai toujours entendu dire que l'hôpital était en crise, que l'Assistance publique allait s'effondrer, que le système de santé français était à bout de souffle, que tout cela n'allait pas survivre. Toute notre vie, on nous instille que nous sommes sur le *Titanic* en train de couler. Il faut avoir un peu de résistance pour supporter ça, surtout quand on compare notre situation à l'ambiance qui peut régner dans une entreprise en développement ou en bonne santé. Nous avons tout le temps la sensation que notre cas est plombé. On explique en permanence aux médecins qu'ils coûtent cher. Tout cela est dur à porter. Je me souviens de débats passionnés, quand j'avais vingt-cinq ans, avec mes copains qui faisaient de brillantes études de commerce, et m'expliquaient doctement que ce serait bien que les médecins contrôlent un petit peu plus leurs dépenses. Je leur répondais : « Mais que voulez-vous que j'y fasse ? Mon métier est de soigner toute personne qui arrive aux urgences. » Nous avons l'impression permanente de devoir gérer la pénurie, un peu comme jeter de temps en temps un bout de pain au milieu d'une troupe de canards affamés. C'est donc une bataille qui nécessite de l'opiniâtreté. Et l'opiniâtreté rend rude.

**L. S.** Comment avez-vous réagi aux propos d'Agnès Buzyn[1], alors ministre de la Santé, qui souhaitait que les étudiants en médecine apprennent l'empathie ?

**C. B.** L'idée est sûrement bonne, mais relève, selon moi, du cheminement interne. Je ne pense pas qu'on puisse enseigner l'empathie. Il y a désormais des cours sur le sujet dans les facultés. Par exemple, pour apprendre à faire l'annonce d'une maladie grave, on explique qu'il faut poser la main sur l'épaule du patient. Soit le médecin a l'élan de le faire, et ce geste a de la valeur ; soit c'est une mécanique, et cela n'a aucune signification, le patient n'en tire aucun réconfort. Nous ne sommes pas sur une scène de théâtre.

**L. S.** Voici justement ce que disait le psychanalyste Jacques Lacan sur ce sujet : « Je dis toujours la vérité – pas toute, parce que toute la dire, on n'y arrive pas. Les mots y manquent. C'est même par cet impossible que la vérité tient au réel[2]. »

---

1. Entretien réalisé quelques mois avant l'épidémie de Covid-19.
2. *Séminaire*, Livre 2, Seuil, 1978.

**C. B.** J'adore – pardon, j'adhère. Évidemment, l'exhaustivité est un fantasme. Il y a des gens qui ne veulent pas entendre qu'ils ont un cancer. Et parfois, le chirurgien ne le dit pas. Je ne réponds qu'aux questions qu'on me pose. Je considère que je dois à mes patients des soins attentifs et, pour le coup, empathiques. S'ils n'ont pas envie de l'entendre, j'estime que je ne suis pas là pour leur dire qu'ils vont mourir dans d'atroces souffrances.

**L. S.** Et s'ils vous le demandent ?

**C. B.** Je leur dis la vérité. Je réponds aux questions. Sans vouloir parodier Lacan, je dis la vérité qui se situe dans le champ demandé. J'essaie de ne pas me laisser aller à dire *au-delà* de ce qu'on me demande. Cela relèverait d'une mauvaise utilisation de mon pouvoir de médecin. Il faut expliquer aux patients comment cela va se passer, sans dérouler toutes les complications et les horreurs qui pourraient survenir, car ils passeront peut-être à côté.

**L. S.** Quand on exerce votre métier, à votre poste, faut-il se masculiniser pour se faire respecter ?

**C. B.** Cette question occupe mes réflexions actuelles. Longtemps, je me suis promenée dans les hôpitaux en pantalon, sans talons et quasiment pas maquillée pour, je pense, désexualiser au maximum les relations avec mes collègues. J'étais dans un univers extrêmement masculin. Ma parade, si tant est qu'on ait besoin d'une parade, était de devenir une bonne copine. D'ailleurs, j'ai beaucoup de très bons copains. Mais j'ai toujours mis à distance tout ce qui *pourrait relever* de la séduction, de la drague, du désir. En gros, en devenant un mec comme les autres. C'était ma stratégie inconsciente, qui signifiait probablement que je ne souhaitais pas être suspectée d'avoir été reconnue pour autre chose que mes mérites professionnels. Dans les blocs opératoires et dans les services de chirurgie, l'autorité était exercée par les hommes envers les femmes. Les hommes étaient les médecins et les femmes – les infirmières – étaient les panseuses. Certes, c'est de moins en moins le cas. Mais quand une femme parvenait du côté de ceux qui donnent les ordres, cela perturbait l'ordre des choses. Je le dis : j'ai trouvé une place dans ce jeu en me mettant du côté des hommes, et en adoptant un rôle le moins sexué possible. Rétrospectivement, je suis sans doute passée à côté du jeu de la séduction qui est – il faut le dire – agréable. J'ai préféré mettre les choses à distance, et avoir des relations de bonne camaraderie pour me faire une place dans ce monde d'hommes.

**L. S.** Toujours dans *Le Lambeau*, Philippe Lançon écrit sur vous : « Elle était parfois vêtue comme une retraitée, et une infirmière qui l'aimait bien, tout en la craignant, comme à peu près tout le monde dans l'hôpital, lui avait dit un jour qu'elle devrait faire un effort pour ne plus avoir l'air d'une mémère. » J'ai pourtant en face de moi une belle femme, blonde, grande. Ce genre de passage vous fait-il regretter de ne pas vous être plus affirmée en tant que femme ?

**C. B.** J'ai très mal pris ce passage. On ne m'avait jamais dit ça comme ça. Peut-être l'a-t-on pensé, mais personne ne s'est hasardé jusque-là. Et je vais vous dire les choses clairement : j'ai réfléchi à cette question, mais ce n'est pas le livre de Philippe Lançon qui m'y a incitée, mais plutôt ma vie à l'extérieur de l'hôpital.

**L. S.** En novembre 2017, une grande enquête publiée dans *L'Express* a montré que 61 % des étudiantes en médecine disent être régulièrement victimes de sexisme ordinaire, et 88 % des internes sont témoins de blagues sexistes. Rien ne vous étonne dans ces chiffres ?

**C. B.** Je n'ai jamais été victime d'un quelconque harcèlement durant mes études. La stratégie dont je vous parlais précédemment a sans doute été efficace. Les salles de garde sont des lieux où la pression se relâche. Ici, les murs des bureaux des internes sont couverts de dessins qu'on ne montrerait pas à des enfants. Cette pression qui se relâche passe évidemment par le sexe.

**L. S.** Les gens qui ne connaissent pas l'hôpital imaginent souvent que c'est un univers sexuel !

**C. B.** C'est effectivement un grand fantasme de l'extérieur. Les choses ne sont pas aussi débridées que ça. Il y a une tension entre la vie et la mort qui se traduit aussi par une tension sexuelle. Les blagues grasses, les chansons grivoises et les moments débridés en font partie. La société actuelle se replie dans une certaine forme de pudibonderie qui, il y a encore peu, n'avait pas sa place à l'hôpital. J'ai connu une époque où l'on racontait et faisait relativement n'importe quoi en salle de garde. C'est terminé. L'autocensure est sociétale. Je ne sais pas si c'est regrettable, mais c'est moins drôle qu'avant.

**L. S.** Que pensez-vous du mouvement #MeToo ? Est-ce que, selon vous, cela participe de cette pudibonderie ?

**C. B.** Ce sont des choses différentes. Je constate simplement que la société devient de plus en plus pudique. Je vais vous raconter une anecdote qui me paraît révélatrice. Au bloc opératoire, pour des raisons d'hygiène, le corps du patient est nu. On l'habille avec une blouse bleue, qu'on enlève une fois qu'il dort pour poser des électrodes ou les plaques de bistouris électriques. Dans cet espace, le corps n'est pas un objet érotique, mais un corps souffrant dont on va s'occuper. Depuis quelque temps, on voit une espèce de pudibonderie entrer dans les salles d'opération. Par pudeur, on permet que les gens gardent leur chemise de nuit. Je m'insurge contre ça : évoquer la pudeur signifie que le corps endormi, et complètement dépendant, pourrait être l'objet d'une attention érotique. Je trouve ça insupportablement pervers.

**L. S.** Dans le cadre de la lutte contre les violences faites aux femmes, le gouvernement envisage de lever exceptionnellement le secret médical, afin que les médecins puissent alerter la police. Beaucoup d'entre eux grincent des dents en arguant que ce n'est pas leur rôle. Qu'en pensez-vous ?

**C. B.** Dans le service, nous voyons des femmes auxquelles il m'est arrivé de dire : « Vous n'êtes pas tombée dans l'escalier, je sais ce qu'il se passe. » Cela a parfois donné lieu, de la part des patientes, à des prises de conscience assez spectaculaires. Aussi noble soit le motif, je deviens perplexe dès lors que nous touchons au secret médical. Avoir la possibilité de prévenir est une chose ; qu'on nous en fasse l'obligation en est une autre, et me pose un réel problème. Que va-t-il se passer si cette possibilité devient opposable ? Si l'on nous reproche de n'avoir rien dit, alors que nous ne faisions que suspecter ?

**L. S.** Le père a souvent un rôle essentiel dans la construction des femmes puissantes. Elles ont été encouragées par lui ou, au contraire, se sont construites contre lui. Est-ce que c'est votre cas ?

**C. B.** Mes parents ont divorcé. Il se trouve que j'ai été en grande partie élevée par mon beau-père, quelqu'un de féministe sans le dire. Ce n'est pas un homme de discours, plutôt un taiseux. Enfant, j'avais déclaré vouloir être hôtesse de l'air, ce à quoi il avait répondu : « Si tu montes dans un avion, débrouille-toi pour le piloter. » Cette phrase a été structurante. À sa façon, il me disait : « Tu peux le faire. » Mon beau-père était ingénieur. Je me rappelle l'avoir entendu déclarer qu'il ne considérait pas les membres de son équipe en tant qu'hommes ou femmes, mais selon leur cerveau et leurs compétences. En quelques phrases, il m'a fait comprendre que mon statut de femme ne m'interdirait pas, plus tard, d'accomplir certaines choses.

**L. S.** L'absence de votre père biologique dans votre vie a-t-elle été un moteur ?

**C. B.** Next.

**L. S.** Alors next. Voici une archive de Simone Veil, interrogée par Jacques Chancel dans l'émission « Radioscopie » :

> **Jacques Chancel** — Vous êtes une femme qui se bat toute la journée. Lorsqu'on vous écoute, on s'aperçoit que le temps a une importance considérable. À force de gagner du temps, peut-être en perd-on un peu. Étant ministre, perdez-vous votre temps, votre temps de femme ?
>
> **Simone Veil** — J'ai quelquefois ce sentiment. L'impression que c'est un peu une vie entre parenthèses. Mais je ne le regrette pas : je crois avoir fait un certain nombre de choses, et m'être moi-même enrichie. Mais pour d'autres domaines, comme aller voir une exposition, bavarder avec mes fils, pouvoir consacrer une heure à une

amie, ou ne rien faire, j'ai le sentiment que ma vie de femme est un peu interrompue[1].

**L. S.** Est-ce que vous avez du « temps de femme » ?

**C. B.** Je n'ai pas d'enfants. Il m'arrive souvent de calculer mon temps en me disant que, si j'en avais eu, je l'aurais pris pour m'occuper d'eux. C'est une sorte de redevance, de « taxe carbone ». L'hôpital nous sollicite énormément. La journée commence par une réunion d'équipe à huit heures, et il n'est pas rare qu'elle s'achève à vingt et une heures. Longtemps, j'ai pris des gardes de nuit ; je les ai arrêtées il y a deux ans car j'ai estimé que cela suffisait. J'ai fait le calcul : j'ai passé trois années de ma vie à dormir à l'hôpital. Dans la plupart des métiers, on peut prendre une pause déjeuner, en profiter pour aller faire des courses. La majeure partie du temps, nous ne sortons pas de l'hôpital pour déjeuner. Le jour où l'on fait une exception survient l'attentat contre *Charlie Hebdo*. Je m'en souviens car je ressens toujours un sentiment de culpabilité quand je ne suis pas là. C'est quelque chose de très présent. Depuis quelques années, j'ai changé de vie pour, justement, me donner du « temps de femme ». Je pars en week-end, par exemple. C'est une prescription que je me fais. Il faut décider que ce n'est pas coupable de le faire.

**L. S.** Ne pas avoir eu d'enfants est-il un regret ?

**C. B.** J'essaie de me réapproprier ce choix. Ce renoncement n'a rien de sacrificiel. Il ne relève pas non plus d'une volonté farouche d'arriver un jour à être cheffe de service à la Pitié-Salpêtrière. Ce serait malhonnête de

---

1. France Inter, 1975.

dire ça. Je n'ai pas eu d'enfants parce que je n'en voulais pas. Parce que je n'ai pas rencontré l'homme qui m'en a donné l'envie. Ou parce que je l'ai rencontré trop tard.

**L. S.** Est-ce qu'on peut être une grande cheffe de service, faire la carrière que vous avez, et avoir une vie amoureuse ?

**C. B.** Bien sûr.

**L. S.** Vous l'avez finalement rencontré ?

**C. B.** Oui.

# « J'ai réglé tous mes comptes avec la peur. »

— CHRISTIANE TAUBIRA

On a toujours un peu la trouille de la rencontrer, tant elle peut vous renvoyer brutalement dans les cordes si elle n'est pas contente. Même ses détracteurs (ils sont nombreux) reconnaissent qu'elle a un souffle, une voix, un truc différent. Ce qu'on appelle le charisme. Elle a porté le « mariage pour tous », l'a incarné, comme Simone Veil avant elle la loi sur l'IVG. Elle a aussi affronté des critiques violentes et des insultes racistes insupportables. Mais ne la traitez jamais de victime : elle déteste ça. « Vous ne pouvez pas imaginer comme je suis forte », proclame-t-elle. On la croit volontiers. Ce petit bout de femme, toujours apprêtée, juchée sur des talons aiguilles, semble invincible. Je l'ai rencontrée à la Maison de la Poésie, à Paris, ce lieu qu'elle adore. Elle a débarqué, impériale, ses lunettes de soleil sur la tête.

**LÉA SALAMÉ**

En général, on fait cette interview chez les gens. Mais avec vous, non. Personne n'entre chez vous ?

**CHRISTIANE TAUBIRA**

Personne n'entre chez moi. C'est sacré. Il y a des livres partout. C'est mon lieu, mon antre, mon terrier.

**L. S.** Christiane Taubira, si je vous dis que vous êtes une femme puissante, que me répondez-vous ?

**C. T.** Ça commence bien : je ne peux pas répondre. Il faudrait d'abord définir ce qu'est la puissance. Je reconnais la puissance du verbe. Je reconnais la puissance des mots. Je reconnais la puissance de la musique. Je reconnais aussi la puissance du silence. Mais la puissance d'une femme ? C'est sa personne, sa personnalité. C'est son rapport à la peur – quand elle a réussi à l'évacuer totalement. Je crois que de toutes les émotions, de tous les sentiments, la peur est vraiment le seul qui soit capable de paralyser, donc de neutraliser vos capacités, vos potentialités, votre réactivité. C'est le seul capable de vous empêcher, de vous interdire.

**L. S.** Avez-vous eu peur ?

**C. T.** J'ai de vagues souvenirs d'avoir eu peur lorsque j'étais gamine. Intuitivement, j'ai pressenti qu'il fallait que je me débarrasse de la peur. Et que ma liberté se construirait dans mon rapport à elle. Ensuite, j'ai recommencé à avoir peur lorsque j'ai eu des enfants. J'avais peur pour eux. Il faut dire que l'imagination se débride. Mais cela fait longtemps que j'ai réglé mes comptes avec la peur.

**L. S.** Vous n'avez jamais eu peur dans votre carrière politique ?

**C. T.** Peur de quoi ?

**L. S.** Peur des autres ? Peur des critiques ? Peur de ne pas être à la hauteur ?

**C. T.** C'est absolument impossible, et pour une raison simple : j'exige de moi-même d'être irréprochable. Cela ne veut pas dire que je suis irréprochable, mais je m'impose d'être scrupuleuse, attentionnée, rigoureuse, pour faire le mieux possible ce que j'ai à faire. Mais je passe aussi mon temps à me dire que j'aurais pu faire mieux. Pendant des années, après des journées de réunions ou une émission de télévision, je devais avaler deux aspirines tant je refaisais le film dans ma tête. Je revoyais mes défaillances, mes insuffisances. Je me répétais ce qu'il aurait fallu répondre, dire, expliquer ; quels arguments j'aurais dû utiliser à tel moment. Pendant des années, je me suis torturée de cette façon. Aujourd'hui, je ne prends plus d'aspirine, mais je continue à avoir un regard extrêmement critique vis-à-vis de moi-même… Et lorsqu'on me dit qu'une intervention que j'ai faite était excellente, j'en vois les failles.

**L. S.** Nina Simone, une chanteuse que vous aimez, parle ainsi de la peur : « *I'll tell you what freedom is to me. Freedom is : no fear.* » La liberté, c'est ne pas avoir peur.

**C. T.** La vie de Nina Simone a commencé dans la détresse. Enfant, elle voulait être pianiste classique, mais le racisme l'en a empêchée. Pour elle, c'était la fin d'un immense rêve. J'ai aussi vécu le racisme quand j'étais enfant. Pas aussi violemment qu'elle, mais j'ai aussi vécu ça. On me faisait comprendre, de façon non explicite, qu'il y avait un plafond. Qu'il n'y avait pas de place pour moi. J'étais une petite fille, noire et pauvre.

**L. S.** Fille, noire, pauvre : lequel est le plus discriminant ?

**C. T.** Vous mettez le doigt sur l'un des grands conflits entre le féminisme occidental et ce que l'on appelle l'afro-féminisme. C'est le grand désaccord entre le combat des femmes dans les sociétés où elles ont à livrer bataille pour le genre, et les sociétés où les femmes ont à livrer bataille pour le genre mais aussi contre la race, la pauvreté et toutes sortes de discriminations. Il y a une incompréhension phénoménale entre ces féminismes militants qui ont chacun leur vertu, leurs qualités, leurs forces. Moi, je ne veux pas hiérarchiser. Je rejette la discrimination du fait de la couleur, du fait de la condition sociale, économique ou du genre. Je rejette toutes ces discriminations. Je n'en veux ni pour moi, ni pour les autres. Il n'y a pas de hiérarchie à faire. C'est en cela que le féminisme est un humanisme.

**L. S.** Quand vous étiez ministre, vous avez reçu des tombereaux d'injures racistes. Un jour, c'est même venu d'une petite fille de douze ans qui vous avait portraiturée en singe – ce qui m'avait particulièrement choquée à l'époque. Comment s'habituer ? Comment continuer à vivre normalement après ça ? Comment accepter ?

**C. T.** Je n'en ai pas souffert, parce que je m'interdis d'en souffrir. Je me le suis interdit pendant si longtemps que je n'ai même plus besoin de faire d'efforts. Il est hors de question que cela m'affaiblisse et que j'en ressente de la peine. C'est pour cette petite fille de douze ans que j'ai de la peine. Elle est entraînée par des parents, des adultes irresponsables. Que pensera-t-elle dans dix ans ? Peut-être la même chose. C'est dommage pour elle. Et si elle pense autrement – si des amis lui font découvrir que l'humanité est diverse, si sa meilleure amie est noire –, comment vivra-t-elle avec cela ? J'ai de la peine pour elle, mais pas pour moi. Je ne suis pas une victime. Je fais très attention à ce mot. J'ai été la cible de ces agressions, de ces violences, mais je ne suis pas une victime. Je suis de plus en plus forte. J'ai une force étourdissante – vous n'imaginez pas à quel point je suis forte. Je ne suis pas forte parce que j'aurais des qualités exceptionnelles. Je suis forte parce que j'ai une conscience profonde de ce que représente cette violence sur les autres. Je sais à quel point cela peut nouer, ligoter, ficeler le potentiel d'un être que le racisme a fait douter et se renfermer sur lui-même. Moi qui suis exposée, je n'ai pas le droit de laisser le moindre interstice, la moindre faille, le moindre filet par lequel le racisme peut rentrer. Je suis un rempart aussi large que la terre, aussi vaste que tous les océans. Lorsque le racisme me vise – une insulte, une menace physique –, il ne peut pas m'atteindre. C'est définitif, il ne peut et il ne doit pas m'atteindre car, lorsque je l'arrête, je l'empêche d'atteindre les autres. C'est pour ça que je dois faire rempart.

**L. S.** Contrairement à ce qu'on pourrait penser, le fait d'être une femme en politique, aujourd'hui, n'est-ce pas un atout ?

**C. T.** Surtout pas en politique. C'est un milieu extrêmement violent et inhospitalier envers les femmes, par nature et par destination. C'est un lieu de décision qui suscite des rivalités, des compétitions, de la violence – encore plus vis-à-vis des femmes, car les hommes les considèrent comme des intruses. Je ne parle pas de tous les hommes (on a toutes des contre-exemples), mais des fonctionnements, des schémas, des modèles qui structurent nos raisonnements et font que les femmes n'y ont pas leur place. Les lieux du pouvoir politique sont hostiles aux femmes car ils ont été pensés et conçus dans le passé. Personne ne pense à réorganiser ces lieux.

**L. S.** Une femme de vingt-cinq ans, issue de la diversité, n'aura-t-elle pas plus de chances aujourd'hui d'entrer en politique qu'un homme blanc ? Est-ce cliché de dire ça ?

**C. T.** Ce que vous dites n'est pas vérifié. Regardez les institutions, le pouvoir : il y a plus de cinquante ans, les gouvernements étaient bien plus représentatifs de la diversité. Avant la décolonisation, il y avait des secrétaires d'État ou des sous-secrétaires d'État qui venaient de Guyane, du Sénégal, de Guadeloupe. La visibilité était plus nette qu'aujourd'hui.

**L. S.** Mais il y a désormais des lois : on est obligés de présenter des listes paritaires, au risque de payer une amende...

**C. T.** Oui, il y a aussi des lois pour l'égalité des salaires entre les femmes et les hommes. Regardez les écarts qui subsistent ! Notre arsenal législatif est plutôt satisfaisant et réconfortant, mais dans le sens où il permet de mettre un gros couvercle sur nos lâchetés. Une fois qu'on aura conquis un certain nombre de droits et de libertés, il restera encore d'autres combats à livrer. Il ne faut pas s'inquiéter, il y en a pour chaque génération ! Nous pouvons faire notre boulot, les suivantes auront le leur.

**L. S.** Les femmes politiques doivent-elles gommer leur féminité pour être respectées ? N'avez-vous jamais dû gommer la vôtre ?

**C. T.** Est-ce que je demande aux hommes de raser leur moustache ? Les femmes ne doivent pas se transformer en objets d'admiration, mais toujours rester sujets.

**L. S.** Vous dites qu'il ne faut pas qu'elles abusent de leur féminité ?

**C. T.** La langue est telle que je ne peux pas dire « sujettes », car cela évoquerait autre chose. J'ignore ce que signifie « abuser de la féminité », car cela provient d'un jugement. Je n'ai pas de jugement à porter sur une femme qui aime séduire, si elle reste elle-même dans les lieux de pouvoir.

**L. S.** Avez-vous déjà été une séductrice dans les lieux de pouvoir ?

**C. T.** Non, je regarde les hommes. S'ils me plaisent, je les choisis. C'est tout.

**L. S.** C'est comme ça que les choses se passent avec vous ? Vous choisissez, vous prenez ! Vous êtes donc une séductrice.

**C. T.** Je ne suis pas une séductrice, mais je peux séduire de mille façons. J'ai mille armes à ma disposition.

**L. S.** Vous avez beaucoup plu aux hommes, ce n'est pas un mensonge de le dire.

**C. T.** D'abord, je ne sais pas si ça vous regarde.

**L. S.** Mais je me permets, vous pouvez me rembarrer.

**C. T.** Et c'est exactement ce que je suis en train de faire. Disons que j'aime plaire à qui me plaît ; j'aime séduire qui me séduit. Je suis attentive au charme des hommes, sans avoir la préoccupation de savoir si je plais à un homme. Si un homme me plaît, je vais le prendre dans mes filets. Voilà.

**L. S.** Vous êtes à la fois très populaire et très impopulaire. Aussi adulée que critiquée ou détestée. Quand on dit « Taubira est clivante », ça vous heurte ?

**C. T.** Que ça m'aille ou pas, je m'en fous. Parce qu'une fois de plus, je ne triche pas. Je suis très claire, et prête à affronter toutes les tornades. Mais pas à renoncer à une conviction ou à une certitude, parce que ni mes convictions ni mes certitudes ne sont fantaisistes. Elles sont trempées.

**L. S.** Est-ce que le fait d'avoir été « clivante » vous a coûté pour être présidente de la République ?

**C. T.** Je n'ai jamais été en situation d'être présidente de la République.

**L. S.** Vous avez été candidate.

**C. T.** En 2002, mais sans les conditions pour être élue. Même si je crois que je le mérite très largement.

**L. S.** Est-ce que cela vous fait encore envie ?

**C. T.** Pourquoi « encore » ? Ça ne m'a jamais fait envie. Je n'ai pas ce fantasme. La politique est à mes yeux une chose tellement grave et importante que les ambitions personnelles ne doivent pas entrer en jeu. « Est-ce que j'accomplis mon destin ? » Il n'y a pas de place pour ça. Il en va de la vie des gens.

**L. S.** C'est très politiquement correct comme réponse. Vous n'avez pas d'ambition pour vous-même ?

**C. T.** Si j'en avais, je serais restée au gouvernement. Toute ma vie démontre et illustre que je n'ai pas d'ambition personnelle en politique. Avant de m'engager, j'avais une vie extrêmement riche ; pendant la politique, aussi. Sans y penser délibérément, j'ai toujours su que ma vie serait tout aussi riche après. Je ne raisonne pas en termes d'ambition personnelle. J'aime la vie, j'aime les gens, j'aime la littérature, j'aime le cinéma, j'aime la musique, j'aime le monde.

**L. S.** Et pas le pouvoir ?

**C. T.** Exercer le pouvoir, ce n'est pas forcément l'aimer. Savez-vous ce que je pense profondément du pouvoir ? Intrinsèquement, le pouvoir est quelque chose d'exorbitant. De fait, je ne peux pas fantasmer sur lui. Si j'ai le pouvoir, je l'exerce pleinement. À l'Assemblée nationale ou au Sénat, il est arrivé que des conseillers me disent : « Ce n'est pas ça, l'arbitrage. » Je réponds : C'est moi la ministre, je décide car c'est moi qui en réponds. Ceux qui préparent les arbitrages ne sont pas élus. Point barre. J'assume ma responsabilité, et c'est pour ça que je prends des coups.

**L. S.** Vous n'avez pas l'impression que la société veut de plus en plus du lisse, du plat, surtout pas d'aspérités ?

**C. T.** Oui, sans doute. La vie est faite justement de ces aspérités-là, c'est son charme profond.

**L. S.** Mais sans dire bêtement « c'était mieux avant », n'avons-nous pas perdu une forme de liberté plus grande où l'on prenait le risque de déplaire, de cliver ?

**C. T.** Il faut nuancer. Ce n'est pas tout le monde qui s'interdit de déplaire. Dans les médias, on entend des paroles absolument nauséeuses, proférées par des personnes régulièrement invitées, y compris dans les médias publics, avec la redevance... D'accord ? Bon.

**L. S.** Vous pensez à Éric Zemmour ?

**C. T.** Pas la peine de donner des noms, je ne veux pas faire l'idiote utile. Je ne veux pas contribuer à le faire exister. Il y a encore des espaces de débats, de confrontations, d'empoignades – très peu sans doute, mais il y en a encore. Surtout, je pense que la culture démocratique régresse. Ça, c'est extrêmement grave. Cela signifie qu'on ne conçoit plus la démocratie comme la capacité d'être en désaccord. D'ailleurs, c'est un cercle vicieux : comme on ne nuance plus les choses, l'opinion ne les nuance plus ; et comme elle ne les nuance plus, plus personne ne le fait. C'est complètement imbécile, improductif et surtout très dangereux.

**L. S.** Cela vous inquiète ?

**C. T.** Plus que ce que reflètent les médias, je suis inquiète de l'absence de bouillonnement dans la société. Je ne crois pas que ce soit aux médias de donner le *la*.

**L. S.** Vous avez l'impression que la société ne s'indigne plus ?

**C. T.** Ce n'est pas seulement d'indignation qu'il est question, c'est le fait qu'on ne se parle plus, qu'on ne discute plus, qu'on ne se dispute plus, qu'on ne s'empoigne pas avec les mots. La démocratie, c'est la possibilité que les mots soient nos outils, nos armes pour dire nos désaccords. Aussi profonds et vifs que soient ces derniers, ce sont les mots qui permettent de les dire.

**L. S.** Dites-moi, Christiane Taubira, y a-t-il un objet qui incarnerait la femme puissante ?

**C. T.** La voix. Une femme puissante, c'est quelqu'un qui peut s'emparer de la parole en toutes circonstances.

**L. S.** Vous êtes née à Cayenne dans une famille de onze enfants. Votre mère, aide-soignante, vous faisait vivre avec son seul salaire. « Elle n'a jamais bénéficié d'aides », avez-vous dit. Votre mère était-elle une femme puissante ?

**C. T.** Incontestablement. Puissante en tenant debout. Elle est restée verticale malgré les difficultés. Quand elle a craqué en faisant une dépression nerveuse, j'ai compris qu'elle lâchait prise. Mais elle est revenue. Je pense qu'elle a *décidé* de revenir parmi nous, ses enfants. Elle était très attachée à l'éducation, avait vite découvert mon goût pour la lecture et me fournissait en livres. Elle avait une capacité inouïe à trouver des livres. Aujourd'hui encore, c'est un mystère pour moi. Elle était visionnaire, parce qu'elle a organisé sa vie, son autonomie, son indépendance économique. Et elle était extrêmement généreuse : elle faisait la tournée des vieilles dames, ce que j'appelais ses « missions humanitaires » avant l'heure.

**L. S.** Votre mère est morte quand vous aviez seize ans. Vous dites : « Si on parvient à survivre à ce séisme, on peut tout affronter. »

**C. T.** Je le crois. On n'a pas besoin de passer par cette épreuve terrible pour tout affronter, et je ne la souhaite à personne. Longtemps, j'ai pleuré toutes les eaux de tous les océans à chaque fois que je pensais à ma maman. Je pleurais de remords aussi, parce que j'avais été une enfant terrible. Oui, un jour, on découvre qu'on n'a rien au-dessus de la tête et qu'on est seule face au monde.

**L. S.** Toutes les femmes puissantes que j'ai interviewées ont un rapport particulier à leur père. Qu'il les ait encouragées ou empêchées, elles se sont construites autour de lui. Et ce n'est pas votre cas.

**C. T.** Non, point à la ligne. Mon père était absent. Je n'ai pas grandi avec lui. Ma mère avait une conception très rigoureuse de l'éducation. Elle nous imposait d'abord de respecter notre père, et d'aller un dimanche par mois passer une journée entière avec lui. Pour mes frères et moi, c'était la corvée mensuelle. Il n'a pas su m'inspirer ni respect, ni admiration, ni un quelconque goût pour quoi que ce soit. Mais ça ne veut pas dire que c'était une personne sans qualités. J'ai été extrêmement sévère à son encontre. Très, très dure.

**L. S.** À dix ans, votre père vous ordonne de le respecter. Et vous lui répondez : « Je ne respecte que les personnes respectables. »

**C. T.** C'est exact. Aujourd'hui, je ne dirais pas ça.

**L. S.** Avez-vous pardonné ?

**C. T.** Pour pardonner, il faut que quelqu'un vous demande pardon. Je ne sais pas si j'ai quelque chose à lui pardonner. Il fut tel qu'il fut. J'ai presque envie de dire que c'est son affaire, que c'est dommage pour lui. Il s'est interdit tant de bonheurs. Je n'ai ni compassion ni rancœur. Je ne lui en veux plus. J'ai soldé ça à mon insu. Ça s'est dissous tout seul.

**L. S.** Revenons à la politique. Nous sommes en décembre 2012. Voici ce que vous répondez au député Bernard Perrut, à l'Assemblée nationale :

> Monsieur le député, vous n'allez pas nous faire croire que vous vivez dans un igloo et que vous n'avez aucune connaissance de la diversité des familles dans ce pays ; que vous ignorez complètement qu'il y a des familles homoparentales dans ce pays ; que vous ne savez pas qu'il y a autant d'amour dans des couples hétérosexuels que dans des couples homosexuels ; qu'il y a autant d'amour vis-à-vis de ces enfants et que tous ces enfants sont les enfants de la France. Alors, oui, monsieur le député, le gouvernement présente un texte de loi de grand progrès, de grande générosité, de fraternité et d'égalité. Nous apportons la sécurité juridique à tous les enfants de France, et je peux vous dire que j'en suis particulièrement fière !

**L. S.** Est-ce que, ce jour-là, vous vous êtes sentie puissante ?

**C. T.** Je n'arrive pas à raisonner de cette façon. À ce moment-là, je suis dans la bataille.

**L. S.** La défiance à l'égard du « mariage pour tous » fut aussi exercée à l'égard de votre personne.

**C. T.** Oui, la violence à laquelle j'ai été confrontée a eu quelque chose de personnel. Il y a eu une incapacité à accepter ma personne et la place que j'occupais. Je suis arrivée au gouvernement le 17 mai. Le 20 mai, l'hystérie a commencé, quand on m'a reproché de favoriser les mineurs criminels. Et ce n'est pas de la paranoïa.

**L. S.** La libération de la parole des femmes (#MeToo et #BalanceTonPorc) a suscité des réactions de beaucoup de femmes. L'écrivaine Catherine Millet et l'actrice Catherine Deneuve, entre autres, ont signé une tribune dans laquelle elles craignaient une guerre des sexes. Qu'en pensez-vous ?

**C. T.** Il y a un malentendu colossal. Si la pulsion sexuelle est animale, cela signifie qu'elle l'est aussi pour les femmes. Allons-nous sauter sur les hommes ? Cet argument n'a pas de sens. La question du marivaudage, du flirt dans des salons, des lieux ouverts ou protégés, n'a rien à voir avec la violence à laquelle sont exposées les femmes qui sont dans un rapport de subordination, de soumission, d'inégalité et de dépendance. Je suis plus préoccupée par ces milliers de femmes démunies, exposées aux violences, que par les craintes de certaines et certains assis dans leur salon quant à une possible guerre des sexes. Il y a incontestablement des débordements, mais cela reste marginal à côté du sujet essentiel : la société comprend enfin le sort de toutes ces femmes dominées par des hommes qui s'appuient sur leur pouvoir, qu'il soit économique, politique, social, culturel ou financier.

**L. S.** Aujourd'hui, pensez-vous qu'une femme peut concilier, autant qu'un homme, carrière, vie familiale et vie amoureuse ?

**C. T.** C'est encore difficile. La revendication d'égalité pour les femmes n'est pas une fantaisie, une envie, voire de la jalousie. Cela ne signifie pas « on veut être comme les hommes ». Cela consiste à élever la société tout entière. Un homme sera plus épanoui s'il vit une relation amoureuse avec une femme fondée sur le partage des goûts (littéraires, artistiques) et de la liberté. Ou avec une femme ayant d'autres goûts, mais capable de les lui offrir en retour. Il sera plus heureux ainsi plutôt qu'à dominer, parler plus fort, décider pour tout le monde. Je pense qu'il y a plus de bonheur pour un homme à avoir une partenaire à égalité. En tant que mères, nous devons contribuer à l'assurance de nos fils.

**L. S.** Avez-vous réussi à concilier vie amoureuse, vie familiale et carrière ?

**C. T.** Qu'est-ce que la carrière ? J'ai mené des combats que j'ai aimés. J'ai toujours choisi ma vie. À chaque carrefour, j'ai choisi la route que je prenais. Je n'ai rien sacrifié. Je travaillais trois fois plus, et j'ai dû accomplir ces miracles quotidiens qu'accomplissent toutes les femmes. J'ai eu des responsabilités en ayant quatre enfants.

**L. S.** Vous avez divorcé.

**C. T.** Oui, deux fois.

**L. S.** Il y a donc eu des échecs.

**C. T.** Divorcer n'est pas un échec, c'est une décision.

**L. S.** Avez-vous des regrets sur votre vie amoureuse ? Sur vos divorces ?

**C. T.** Je n'ai pas envie de m'interroger sur cela. J'ai pleinement vécu ma vie amoureuse. Quand j'aime, j'aime passionnément. Je suis une grande amoureuse.

**L. S.** Avez-vous déjà fait des choses folles par amour ?

**C. T.** Sans doute. Je ne suis pas en confession, je ne vais donc pas vous raconter mes histoires. J'aime franchement, profondément, intensément. Et je ne suis pas jalouse.

**L. S.** Vous n'avez jamais eu aucun mauvais sentiment ? Aucun esprit de revanche ?

**C. T.** Non ! Par contre, j'ai un caractère de chien. Quand j'ai décidé que je ne tolère pas quelque chose, je sabre. Je l'écrase en bouillie.

**L. S.** Est-ce vrai que vous avez demandé pardon à vos enfants ?

**C. T.** J'ai eu conscience d'avoir été physiquement assez peu présente, et oui je le leur ai dit. Tous les quatre m'ont alors répondu des choses absolument magnifiques : « Mais non, Maman. D'abord tu étais là, et puis tu nous faisais des petits plats. » Je leur ai répondu : « Ah bon ? Mais je ne sais pas cuisiner… » Je pense qu'ils se sont inventé une histoire à quatre et qu'ils ont fini par y croire. Ils ont toujours été très solidaires les uns des autres, et cela les a aidés à survivre. Ils m'ont dit de très belles choses, comme : « Mais non, on a beaucoup appris en te regardant vivre. »

**L. S.** « Liberté, Égalité, Fraternité » : vous choisissez quoi ?

**C. T.** Tout.

**L. S.** Non, il faut choisir.

**C. T.** Ah non ! Vous voyez, ça fait partie de mes défauts. Je refuse la règle.

**L. S.** Quelles femmes politiques vous ont bluffée ?

**C. T.** Gro Harlem Brundtland, ancienne Première ministre de Norvège. Et Michelle Bachelet, ancienne présidente du Chili, une femme de grand courage.

**L. S.** Entre Danielle Mitterrand et Michelle Obama, vous choisissez qui ?

**C. T.** Je ne choisis pas, je prends les deux. La première fois que j'ai rencontré les Obama à la Maison-Blanche, j'ai été surprise par leur humilité. Je les trouve d'abord très beaux, et je ne parle pas seulement de beauté physique. Michelle Obama a un vrai parcours, elle a mené de vrais combats, sa réflexion est authentique. Ce n'est pas du bluff, Michelle Obama !

**L. S.** Angela Merkel ou Margaret Thatcher ?

**C. T.** Je préfère Angela Merkel. Elle a été l'honneur de l'Europe en 2015, quand elle a accueilli les réfugiés. Et puis, malgré nos divergences politiques, je trouve qu'il y a quelque chose de très émouvant chez cette femme qui vient d'Allemagne de l'Est et s'est retrouvée à la tête de l'Allemagne réunifiée.

**L. S.** Bernadette Chirac ou Brigitte Macron ?

**C. T.** Je suis obligée de prendre ?

**L. S.** Vous êtes obligée de prendre.

**C. T.** Allez vous faire voir, Léa !

**« C'est le moment pour les femmes de reconnaître qu'elles possèdent de la puissance. »**

— LAURE ADLER

Elle dit de drôles de phrases comme : « Pour moi, la féminité aujourd'hui, c'est Angela Merkel. » Elle a été une femme de pouvoir, même si elle s'en défend. Patronne de France Culture, animatrice d'une des plus belles émissions culturelles à la télé, « Le Cercle de minuit », elle a flirté avec la politique et ses courtisans lorsqu'elle travaillait à l'Élysée, aux côtés de François Mitterrand. Laure Adler a fait comprendre à toute une génération que penser et lire étaient des activités à la fois sérieuses et sexy. Aujourd'hui encore, dans son émission « L'Heure bleue » sur France Inter, elle n'a pas peur d'aimer les artistes. L'admiration est, chez elle, une forme d'art. À tous ses invités, elle pose la même question, la même injonction : « S'il vous plaît, apprenez-nous à vivre. » Laure Adler est frêle, belle, et porte des lunettes de soleil en forme de cœur. Même chez elle.

**LÉA SALAMÉ**

Laure Adler, si je vous dis que vous êtes une femme puissante, vous me répondez quoi ?

**LAURE ADLER**

Que ce n'est pas vrai. En revanche, cela m'évoque tout de suite un livre extraordinaire : *Trois femmes puissantes*[1], de Marie NDiaye, une femme que j'aime beaucoup. Si ce mot de puissance se définit comme Marie NDiaye le fait dans son texte – c'est-à-dire la possibilité de faire, de se tenir debout, de respecter sa dignité et, surtout, celle des autres –, alors, oui, je l'accepte.

**L. S.** Pourquoi est-il si compliqué, pour les femmes, d'accepter d'être puissantes ? J'ai hésité à appeler cette série d'entretiens « Femmes puissantes ». Laurence Bloch, la directrice de France Inter, se demandait elle-même : « “Femmes puissantes”, n'est-ce pas trop clivant ? »

**L. A.** J'ai créé une collection de livres qui s'appelle « Puissance des femmes[2] ». Je pense que je n'aurais pas osé le faire il y a trois ou quatre ans, car j'aurais trouvé cela extrêmement prétentieux. Maintenant, c'est le moment. Les femmes peuvent reconnaître en elles-mêmes – grâce à la sororité, la solidarité, la reconnaissance des autres femmes mais aussi des hommes – qu'elles possèdent, elles aussi, de la puissance. C'est vraiment le moment.

---

1. Publié en 2009 aux éditions Gallimard, le roman a reçu le prix Goncourt la même année.
2. Éditions Stock.

**L. S.** Quand vous êtes-vous sentie la plus puissante ? Lorsque vous étiez conseillère à l'Élysée de François Mitterrand ? Quand vous présentiez « Le Cercle de minuit » ? Ou quand vous avez dirigé France Culture ?

**L. A.** Jamais dans ces circonstances-là, qui sont temporelles et dues au hasard des rencontres. Le moment où je me suis sentie la plus puissante – au sens d'un sentiment qui m'a inondée intérieurement – c'est, bizarrement, quand mon fils m'a dit que sa fille venait de naître. Il était deux heures du matin, je l'ai vu arriver dans le couloir de l'hôpital avec ma petite-fille dans ses bras, et je me suis dit : « Moi, vivante, j'ai fait un fils qui a fait une fille... Mais comment est-ce possible ? Comment est-ce pensable ? » En vous en parlant, j'ai des frissons. Cela voulait dire que quelque chose de la vie avait échappé à ma propre puissance – si j'ose dire – et se répercutait ailleurs. À ce moment précis, j'ai été dans une plénitude de bonheur, une intensité d'existence qui m'échappait de toute part.

**L. S.** Je demande à chaque femme un objet qui leur évoque la puissance. Lequel avez-vous choisi ?

**L. A.** Des colliers. Ils viennent d'une île en face de Tahiti. Un homme me les a donnés après me les avoir d'abord mis autour du cou. J'ai eu la chance d'aller à l'autre bout du monde. J'ai rencontré des chefs de clan. Au cours de cérémonies, on boit quelque chose qui est censé exalter la puissance intérieure. En fait, cela ralentit cette espèce d'impatience que nous, Occidentaux, avons sans arrêt à l'intérieur de nous.

**L. S.** C'est ça la puissance : ralentir le temps ?

**L. A.** Et vivre. Essayer de vivre intensément, ce qui veut dire : être dans le présent.

**L. S.** Vous y arrivez ?

**L. A.** Non.

**L. S.** Voici ce que Christiane Taubira dit de la puissance : « La puissance d'une femme (...) c'est son rapport à la peur (...). Je crois que de toutes les émotions, de tous les sentiments, la peur est vraiment le seul qui soit capable de paralyser, donc de neutraliser vos capacités, vos potentialités, votre réactivité. C'est le seul capable de vous empêcher, de vous interdire. »

**L. A.** Elle, elle est vraiment puissante. Je l'adore, je l'admire, elle le sait. Il y a quelques mois, elle a accepté de venir parler avec moi dans une université à Lyon. Il y avait tellement de jeunes qu'ils ont été obligés de retransmettre la rencontre sur des écrans. C'était comme une rock star : le service d'ordre a dû la protéger tant elle était idolâtrée. Elle nous surélève, elle donne de l'énergie à chacune et à chacun d'entre nous. Sur la peur, elle a raison : la peur est ce qui peut entraver les choses, parfois les endommager à tout jamais. Et les hommes le savent.

**L. S.** Diriez-vous que c'était excitant de diriger des hommes ?

**L. A.** Pas du tout, c'était horrible. Parce qu'ils vous prennent pour un tronc avec des seins, un cul et pas de tête.

**L. S.** Ce n'est pas un peu caricatural ?

**L. A.** J'évoque la vision qui m'a été renvoyée pendant les sept années et demie au cours desquelles j'ai eu la chance de diriger France Culture. Elle était quotidienne : mes seins, mes fesses, ma bouche. C'étaient des caricatures obscènes distribuées par piles de tracts à l'intérieur de la Maison de la radio, à la cantine, devant les ascenseurs et sur tous les pare-brise des voitures garées aux alentours. Ce furent trois prises d'otage, des menaces d'une violence extrême, y compris physiques. Diriger, plus jamais. Quand une femme dirige, cela implique beaucoup de travail – généralement plus que pour les hommes –, parce qu'elle se sent toujours coupable de ne pas assez ni bien faire. On pense toujours que les gens de pouvoir sont des êtres complexes, et qu'il faut jouer du billard à trois ou quatorze bandes pour pouvoir décrypter leurs comportements ou leurs décisions. Ce n'est pas vrai. J'ai fait des erreurs qui m'ont permis d'évoluer. Par exemple, à mon arrivée au poste de directrice de France Culture, j'avais une telle charge de travail que j'ai fermé la porte de mon bureau. Je faisais des réunions et ne souhaitais pas que tout le monde entende ce que j'étais en train de faire. Vous ne pouvez pas imaginer les fantasmes les plus fous que cette porte fermée a suscités…

**L. S.** Quels fantasmes ?

**L. A.** Tout : cela allait des complots jusqu'à ce que vous pouvez imaginer. Il a fallu que je rouvre cette porte pour que la situation se calme. J'ai commis une erreur en la fermant. C'est un des nombreux enseignements que j'ai tirés de mon expérience de direction : il faut toujours être dans la transparence maximale. Ne pas faire croire qu'on fait des choses auxquelles les autres s'attendent. Quand une femme dirige, cela génère toujours des fantasmes, de la sédimentation, de la représentation. Aujourd'hui, je crois que les femmes peuvent faire ce qu'elles ont envie de faire. On est plus fortes quand on dirige que quand on est un homme.

**L. S.** Pensez-vous que les femmes sont meilleures au pouvoir que les hommes ?

**L. A.** Non, mais je pense qu'elles ont des facultés, une empathie et une manière de voir le monde, qui se situent moins dans la vanité propre au pouvoir que chez les hommes.

**L. S.** Françoise Giroud[1] disait des femmes « qu'elles sont moins dévorées que les hommes par la volonté de puissance ». Êtes-vous d'accord avec ça ?

**L. A.** Oui. Pour moi, les hommes qui font de la politique pensent qu'exercer le pouvoir procure une sorte d'attribut sexuel supplémentaire. Et je crois qu'ils se trompent.

**L. S.** Ça ne serait pas la même logique pour les femmes politiques ?

**L. A.** C'est exactement le contraire. Quand une femme entre en politique, elle doit – à l'exception de très rares exemples – obligatoirement refouler en elle toutes ses capacités de séduction. Et devenir une sorte de moine-soldat au service de tous les citoyens.

**L. S.** Vous pensez aussi cela de Ségolène Royal ?

---

1. Journaliste, écrivaine et femme politique française (1916-2003).

**L. A.** Non, elle, elle fait partie des exceptions. Ségolène Royal a quelque chose d'autre, qui fait partie de sa nature profonde. Elle est séductrice *positivement*, ce qui lui donne sa force morale. Elle a, en même temps, un sens de l'autorité inné, sans doute hérité de son éducation.

**L. S.** Les portraits qu'on a pu lire de vous, lorsque vous étiez directrice de France Culture, vous décrivaient comme « autoritaire », « impitoyable », voire « cassante ». Est-ce que cela vous avait blessée, à l'époque ?

**L. A.** Énormément. J'ai commencé à travailler à la radio par hasard, grâce à une amie de lycée, que j'ai toujours d'ailleurs. J'y suis entrée au plus petit échelon, comme secrétaire. Petit à petit, j'ai franchi les niveaux, et quand je me suis retrouvée « catapultée » à un poste de pouvoir, les amis que j'avais depuis trente-cinq ans ne m'ont subitement plus dit bonjour, parce que j'étais la patronne. C'était coupé, rompu, fini. Quand j'ai quitté mon poste de directrice, le P-DG de l'époque a piqué une grande colère en m'expliquant qu'on n'abandonne pas un poste de direction pour redevenir quelqu'un de lambda, que j'allais me retrouver dans la colonne « moins » de tous les journaux – ce qui était vrai. Selon lui, personne ne me croirait quand j'expliquerais que j'avais choisi de quitter ce poste de pouvoir de mon propre chef, il me disait que cela allait être « terrible », et que personne ne me dirait plus bonjour… Quand je suis redescendue dans la hiérarchie, celles et ceux que je connaissais, mes amis depuis trente-cinq ans, m'ont de nouveau dit bonjour, m'ont embrassée sur les deux joues et m'ont proposé d'aller boire un café. C'était revenu.

**L. S.** Il y a quelques années, vous avez déclaré : « Aujourd'hui, la féminité c'est Angela Merkel. » Vous pouvez nous expliquer en quoi ?

**L. A.** Parce que vous pensez que la féminité se résume à l'apparence extérieure ? Au fait d'être bien maquillée ? Pourquoi ne symboliserait-elle pas la rectitude et le fait de faire corps avec soi-même ? D'avoir des positions morales et politiques sans faillir à ses idéaux ? Pour moi, c'est ça, la féminité.

**L. S.** La beauté n'aide-t-elle pas aussi ?

**L. A.** Je n'en suis pas sûre. Je pense même que cela dessert. Il y a des femmes qui sont très belles et qui en souffrent beaucoup, parce qu'on les prend pour des connes.

**L. S.** Vous n'avez jamais profité de votre beauté ?

**L. A.** Je ne me considère pas belle. Vous voulez voir mes oreilles ? Vous savez comment on m'appelait, quand j'étais petite ? « Boeing 747 » !

**L. S.** Vous me faites penser aux mannequins à qui on demande leurs défauts, et qui répondent qu'elles n'aiment pas leurs mains. Laure Adler, vous êtes et avez toujours été considérée comme une belle femme, ne faites pas la fausse modeste.

**L. A.** Je ne vais quand même pas faire semblant... Je vais vous dire ce qui arrive à beaucoup de jeunes filles et qui persiste jusqu'à la fin de leur vie – je peux vous le dire, il se trouve que j'ai maintenant un certain âge. La beauté ne trouve pas son origine dans le regard des autres, mais au tout début de l'adolescence, cet âge durant lequel tout se construit. Il suffit d'un mot blessant, et ça vous restera toute votre vie.

**L. S.** C'est votre cas ?

**L. A.** Oui, et c'en fut terminé de la beauté. Je crois qu'on ne surmonte jamais ce genre de moment, même après beaucoup d'années d'analyse.

**L. S.** Êtes-vous une séductrice ?

**L. A.** Je ne crois pas. Ça veut dire quoi, « séductrice » ?

**L. S.** Vous plaisez aux hommes. Vous en avez usé, vous vous en êtes amusée.

**L. A.** Hélas, je regrette beaucoup de ne pas en avoir usé et abusé. Comme je regrette de ne pas avoir connu l'amour homosexuel.

**L. S.** Pourquoi le regrettez-vous ?

**L. A.** Jeune, j'ai été draguée par des filles, sans vraiment comprendre pourquoi. Cela me faisait horreur, parce que j'avais peur. Ces peurs étaient primordiales, transmises par une éducation catholique assez rigide. Je n'ai donc pas approché ce territoire. D'ailleurs, on n'en parlait pas, sinon à mots couverts avec sa meilleure amie, pour dire : « Jamais ! Loin de moi cette idée ! »

**L. S.** Et plus tard ?

**L. A.** L'idée de l'homosexualité est arrivée dans nos vies et a été considérée comme quelque chose de normal.

Pour moi, ce fut une révolution mentale et psychique. Oui, je pense avoir raté quelque chose.

**L. S.** Je vous ai demandé de choisir une chanson qui incarne à vos yeux les femmes puissantes. Laquelle avez-vous sélectionnée ?

**L. A.** J'ai beaucoup hésité. Je vais choisir une chanson de quelqu'un avec qui je vieillis et que j'adore pour plein de raisons : Jane Birkin. Cette chanson, bouleversante, s'intitule « À la grâce de toi ».

**L. S.** C'est une femme puissante, Jane Birkin ?

**L. A.** Non. Elle n'a jamais voulu être puissante. Bien qu'on le lui ait répété des milliards de fois, elle a toujours ignoré qu'elle était belle. C'est une femme merveilleuse que rien n'a jamais brisée ni salie. Elle continue à croire aux lendemains qui chantent.

**L. S.** Un autre chanteur a beaucoup compté pour vous, c'est David Bowie.

**L. A.** Je devais avoir dix-sept ou dix-huit ans quand il est entré dans ma vie. Voilà un cas de puissance érotique. À l'époque, on portait des minijupes, nous n'avions pas de soutien-gorge, on dansait, on prenait ce qu'il fallait pour pouvoir chasser la fatigue et aller jusqu'au bout de la nuit. La musique de David Bowie est vraiment entrée dans nos corps, nos cœurs, nos âmes, pour nous donner la puissance d'oublier qui nous étions, cette espèce de féminité qui nous entravait un peu. J'ai vécu avec lui, si j'ose dire. J'ai dormi avec lui, j'ai dansé avec lui. J'ai aimé avec lui, je me suis séparée de garçons avec lui.

**L. S.** Au moment de #MeToo et #BalanceTonPorc, vous avez signé un texte qui expliquait pourquoi vous n'étiez pas solidaire de la tribune sur la « liberté d'importuner » des cent femmes, dont l'écrivaine Catherine Millet et l'actrice Catherine Deneuve. Leur tribune abordait le supposé retour du puritanisme et une éventuelle guerre des sexes. Vous n'y croyez pas ?

**L. A.** Nous ne sommes pas en guerre. Je pense que #BalanceTonPorc est un très mauvais intitulé pour défendre une belle cause. Les hommes ne sont pas des porcs. Beaucoup sont féministes.

**L. S.** Avez-vous l'impression que nous assistons à une régression des droits fondamentaux des femmes ? Êtes-vous inquiète ?

**L. A.** Nous entrons dans une ère civilisationnelle qui promeut peu à peu des leaders autoritaires aux discours extrêmement violents sur la nature des femmes. Dans certains endroits, nos droits sont effectivement en train d'être remis en cause. En tant qu'historienne, je constate que l'histoire des femmes n'est jamais une histoire continue de droits sédimentés et acquis à tout jamais.

**L. S.** Vous regrettez que les femmes de ma génération aient du mal à se dire féministes ? N'avons-nous pas oublié un peu vite que ces droits que vous avez acquis peuvent être remis en cause ?

**L. A.** Non, je peux le comprendre. Mais je suis sûre que, si jamais il se passe quelque chose de grave pour les femmes, vous serez au premier rang et descendrez dans la rue comme le firent toutes les femmes dès l'aube de la Révolution, en 1789.

**L. S.** Êtes-vous féministe ?

**L. A.** Bien sûr, même si cela paraît ringard. La première fois que j'ai participé à une réunion de filles, j'ai enfin pu parler de ce qui nous préoccupait. D'un coup, je découvrais quelque chose d'insoupçonné en moi. C'est comme ça que le féminisme est entré dans ma vie. Cela m'a transformée, me transforme encore, m'enrichit.

**L. S.** Être une femme est-il un atout pour faire une carrière dans le journalisme ?

**L. A.** Oui, c'est évident. Si j'ai été choisie comme directrice de France Culture, c'est parce que j'étais une femme. Quand le P-DG m'a invitée à déjeuner pour me proposer de diriger l'antenne, il paraît que je me suis mise à pleurer. Je ne m'en suis même pas rendu compte. Je lui ai expliqué que j'étais persuadée que ce poste allait revenir à mon conjoint, qui avait été contacté par le CSA à ce sujet deux jours auparavant. Et il m'a répondu cette phrase que je n'oublierai jamais : « À ce que je sache, votre mari n'est pas une femme. » Ça voulait dire beaucoup de choses. Quand je suis rentrée à la maison le soir, nous avons discuté toute la nuit. Mon compagnon n'était pas malheureux, il n'avait pas souhaité devenir directeur de France Culture. Mais c'était légitime qu'il le devienne au vu de sa carrière passée dans cette radio. Moi, j'étais totalement illégitime. Je n'avais pas les diplômes ni passé les examens internes. À l'aube, il m'a dit : « Écoute, je ne serai pas directeur de cette chaîne que j'aime tant. Et je préfère que ce soit toi plutôt que quelqu'un d'autre. Mais à une seule condition : c'est qu'on ne parle jamais radio entre nous. » Et on a tenu bon.

**L. S.** Vous avez tenu bon pendant sept ans ?

**L. A.** Sept ans et demi. Je comptais même les mois.

**L. S.** En 1989, François Mitterrand vous propose de devenir conseillère culturelle à l'Élysée. Qu'avez-vous appris à ses côtés ?

**L. A.** Beaucoup de choses. Notamment que le pouvoir n'existe pas. Il me l'a répété à de nombreuses reprises : quand on est au sommet de l'État – et Dieu sait si François Mitterrand a tout fait pour l'atteindre –, on passe son temps à donner des orientations et à faire croire qu'on possède le pouvoir. Mais la véritable puissance est dans l'action. Il n'y a de pouvoir que dans le *pouvoir de faire*. François Mitterrand m'a aussi appris que la vie vaut toujours la peine d'être vécue, même malgré la souffrance. Vivre, c'est lire, apprécier des textes anciens. Vivre, c'est marcher dans une rue, être attentif aux découvertes, regarder un arbre. Être dans l'instantanéité du présent. Être prêt à faire des rencontres. Je crois que la chose la plus importante qu'il m'ait apprise, c'est considérer chaque être humain à égalité. Pour moi, c'était la grande leçon.

**L. S.** Laure Adler, vous avez écrit un livre sur la mort de votre fils[1], perdu peu après sa naissance. Il vous a fallu vingt ans pour réussir à en parler, à l'écrire.

**L. A.** C'est une étrange histoire. Un beau matin, alors que j'allais travailler au Festival d'Avignon, j'ai eu un accident de voiture extrêmement grave. Il y a des moments où l'on passe vraiment très près de la mort. On le sait mais, en même temps, trois heures après, pris dans le tumulte des choses, on oublie. Tard le soir, quand

1. *À ce soir*, Gallimard, 2001.

je suis rentrée chez moi, j'ai réalisé que le temps s'était arrêté. Et c'est dans la nuit que j'ai un peu mieux compris ce qui m'était arrivé. Comme une somnambule, je me suis levée et j'ai écrit. Et ainsi, toutes les nuits suivantes, jusqu'à ce que ce texte soit terminé. Or, je ne savais pas ce que j'écrivais ; il se trouve que c'était écrit dix-sept années après la disparition de mon fils. Un peu comme si les arrière-portes de ma mémoire s'étaient ouvertes. Comme si quelque chose s'écrivait à mon insu. J'ai gardé longtemps ce texte, sans pouvoir le relire une seule fois. Neuf mois plus tard, je l'ai laissé sur le lit. Et j'ai dit au père de mon fils, mon amoureux, de le lire. Puis je suis revenue au matin, et il m'a dit que ce serait bien que je le publie. Le livre a été publié, mais je ne l'ai jamais relu.

**L. S.** Vous en seriez incapable ?

**L. A.** J'en suis encore incapable.

**L. S.** Cela fait des années que vous partagez la vie d'un homme, que vous ne qualifiez pas de mari. Vous dites « mon amoureux ».

**L. A.** La conjugalité me fait peur.

**L. S.** Voici ce que votre « amoureux », Alain Veinstein justement, dit du commencement de votre histoire :

> Un jour, j'étais en train de travailler dans mon bureau, à la radio. Je regardais des livres qui venaient de paraître, et je suis tombé sur une revue qui s'appelait *Minuit*. La couverture était toute rouge, ce qui était inhabituel. On a frappé à la porte, Laure a passé la tête, puis le reste du corps et j'ai vu que le pull-over qu'elle portait était exactement du

même rouge que la couverture de la revue. Nous travaillions ensemble depuis quelque temps, mais je ne l'avais jamais vraiment regardée. Tout de suite, j'ai eu envie de lui parler. Le soir, je l'ai appelée. Elle se demandait bien pourquoi je lui téléphonais – ce n'était pas du tout mon habitude – et je l'ai invitée à dîner, pour son anniversaire. Nous nous sommes retrouvés. À la fin du repas, je lui ai proposé de la raccompagner chez elle en voiture. Et, dans la voiture, très vite, elle s'est endormie. Quand nous sommes arrivés au pied de son immeuble, il a bien fallu que je la réveille. Alors je l'ai embrassée[1].

**L. A.** Oui, tout est vrai. Il m'a embrassée. Mais il oublie de dire qu'entre le coup de téléphone et le dîner nous faisions tout de même une émission en direct à la radio ensemble.[1]

**L. S.** Comment faites-vous pour que votre couple dure depuis si longtemps ?

**L. A.** Je n'en sais rien. Lui, il est parti de la radio. Ç'a été toute sa vie pendant longtemps. Maintenant, il est redevenu peintre. Il vit dans son atelier.

**L. S.** Et vous, saurez-vous partir avant qu'il ne soit trop tard ?

**L. A.** Oui, c'est déjà prévu. Je suis en train de travailler depuis trois ans et demi sur un ouvrage qui va s'intituler *Le Privilège de l'âge*. S'il n'y a pas de problèmes médicaux, la vieillesse est un privilège et peut, justement, être une sorte de lente avancée vers un état de plénitude. Ce n'est pas donné à tout le monde. Il faut préparer sa

---

1. Léa Veinstein, « La Radio à Papa », Arte Radio, 2017.

vieillesse. Il faut la penser, essayer de trouver des raisons de vivre. Il faut réaliser des rêves que vous n'avez jamais pu exaucer, faute de temps et parce que le travail vous a englouti. En tout cas, c'est comme ça que je vois les choses.

**L. S.** Avez-vous la foi ?

**L. A.** J'ai longtemps été croyante. Le jour où j'ai perdu mon fils, ç'a été terminé.

**L. S.** Vous arrive-t-il de mentir ?

**L. A.** Pas assez, hélas ! Je ne sais pas mentir. Quand je mens, j'ai le bout du nez qui commence à trembler.

**« La femme puissante, aujourd'hui, ce serait la patronne de Google qui aurait deux enfants. »**

— ÉLISABETH BADINTER

On ne va jamais l'interviewer sans avoir un peu peur de prononcer un mot qu'elle trouvera stupide. Élisabeth Badinter en impose. Quand je l'ai rencontrée, elle était plus souriante et avenante que sa réputation. Elle propose du chocolat, montre les photos de ses petits-enfants et la vue sur le Panthéon depuis son appartement, qu'elle partage depuis des décennies avec son icône de mari, Robert Badinter. Écrivaine, philosophe, elle est une vigie morale, une figure du féminisme depuis quarante ans. N'hésitant pas à choquer quand elle théorise que l'instinct maternel n'existe pas, ou qu'il n'y a pas de féminisme sans laïcité. On lui reproche d'être trop radicale, trop intransigeante, à contretemps de l'époque. Elle s'en fiche: seuls comptent ses combats et ses convictions. Élisabeth Badinter pèse chaque mot qu'elle prononce et ne laisse jamais rien au hasard. Elle frappe par la précision de sa pensée. Par sa liberté de ton aussi.

**LÉA SALAMÉ**

Élisabeth Badinter, si je vous dis que vous êtes une femme puissante, que me répondez-vous ?

**ÉLISABETH BADINTER**

Je vous réponds que le mot « puissant » me semble mal approprié. Je dirais plutôt que j'ai la chance d'être une femme d'influence. Je n'ai pas de pouvoir réel. Je n'ai qu'un pouvoir modeste (mais qui n'est pas absolument nul) d'influence. C'est-à-dire que je peux avoir des idées, ou des convictions, que d'autres partagent avec moi.

**L. S.** Qu'est-ce qu'une femme puissante ?

**É. B.** Vous voulez le savoir ? La femme la plus puissante du monde, aujourd'hui, ce serait la patronne de Google qui aurait deux enfants. Elle aurait tout : la puissance maternelle, une responsabilité inouïe du point de vue professionnel et une puissance économique majeure. Pour moi, ce serait une femme puissante.

**L. S.** Et si la patronne de Google n'avait pas d'enfants, elle ne serait pas la plus puissante du monde ?

**É. B.** Elle le serait moins. Je considère que la faculté des femmes de faire des enfants est un pouvoir formidable.

**L. S.** N'est-ce pas terrible pour celles qui n'en ont pas ?

**É. B.** Non ! Aujourd'hui, dans beaucoup de cas, on peut aider les femmes qui n'ont pas d'enfants à en avoir. Et des femmes qui pourraient avoir des enfants décident de ne pas en avoir pour des raisons personnelles, par désir de liberté. Parce qu'elles n'ont pas envie d'assumer le fait d'être mère. Préférer une vie sans enfants est désormais moins stigmatisant. C'est un phénomène nouveau. Il y a cinquante ans, c'était inimaginable.

**L. S.** Mais n'y a-t-il pas une forme de puissance, ou de liberté aboutie, chez une femme qui décide de ne pas avoir d'enfants ? En dépit de la pression sociale qui reste forte ? Je dis cela à la femme qui a suscité une immense controverse en 1980, lorsqu'elle écrivait : « L'instinct maternel n'existe pas », ou : « Ce n'est pas quelque chose d'inné d'aimer son enfant. » On ne peut imaginer le tollé que ce livre a provoqué à l'époque. Et aujourd'hui vous me dites : « Si on n'a pas d'enfants, on n'est pas totalement accomplie » !

**É. B.** Je n'ai pas dit « accomplie ». J'ai parlé de la puissance maternelle, cette faculté accordée aux femmes qui, à mon sens, est à l'origine du patriarcat qui a voulu les ligoter et diminuer leur puissance (justement) de faire des enfants. Je ne dis pas que le fait de ne pas avoir d'enfants est un manque. Cela dépend des femmes. Toute ma vie, j'ai défendu l'idée qu'il n'y avait pas *la* femme, mais *des* femmes : nous sommes toutes différentes, nous avons des histoires et des désirs différents. Par conséquent, on ne peut essentialiser ni globaliser la femme.

**L. S.** Justement, pour celles et ceux qui n'ont pas connu cette période, pouvez-vous nous parler de la publication de *L'Amour en plus* ? Et des remous que ce livre a provoqués ? C'était en 1980.

**É. B.** À l'époque, à ma grande stupéfaction, ce livre a fait un grand « boum ! ». Mais je n'en ai pas souffert car énormément de femmes de ma génération m'ont remerciée à l'époque d'écrire ce qu'elles avaient ressenti et n'avaient pas osé évoquer. Cela les rendait coupables, et quelqu'un venait exprimer ce qu'elles avaient à fleur de conscience.

**L. S.** Elles n'osaient pas dire qu'aimer son enfant immédiatement n'est pas une évidence.

**É. B.** Oui, exactement. Aujourd'hui encore, quelle mère oserait dire « Je n'aime pas cet enfant » ? On tricote des rapports dès la naissance de l'enfant. On apprend à le connaître, à l'aimer. L'amour n'est pas automatique. Il y a des femmes pour lesquelles ça n'arrive pas. Les raisons sont multiples et peuvent être très différentes. Ce sont souvent des mères de devoir qui font tout ce qu'elles peuvent pour cet enfant mais, au fond d'elles-mêmes, peuvent s'ennuyer en sa compagnie. J'habite à Paris devant le jardin du Luxembourg et, longtemps, avant d'écrire le livre, j'ai observé les femmes seules avec leurs enfants au bac à sable. Je les ai d'ailleurs plus observées que leurs enfants et je pouvais parfois lire, sur le visage de certaines, un ennui épouvantable.

**L. S.** Dans *Le Pouvoir au féminin*[1], vous écrivez que « les femmes, comme les hommes, sont détentrices d'une volonté de pouvoir, d'une virilité et d'une force. Ni l'ambition, ni l'idéologie, ni l'intelligence n'ont de sexe. » Pensez-vous vraiment que les femmes veulent autant le pouvoir que les hommes ?

**É. B.** Je n'en suis pas sûre à cent pour cent. Mais je ne constate aucune différence avec les hommes dès qu'elles se sentent autorisées à l'exercer. Les femmes

1. Flammarion, 2016.

ayant du pouvoir dans les entreprises, par exemple, ne sont pas – contrairement à ce qu'on a coutume de dire – plus compréhensives à l'égard des autres femmes qui travaillent pour elles. De la même façon que tous les hommes ne veulent pas le pouvoir, beaucoup de femmes y aspirent et se sentent de plus en plus autorisées à le prendre.

**L. S.** Les femmes sont-elles en train de gagner la bataille du pouvoir ?

**É. B.** J'en suis convaincue. Et dans tous les domaines, pas seulement professionnel ou privé. Je vais vous en donner une petite illustration : dans certaines publicités à la radio, j'ai remarqué que les hommes sont tous des crétins et que les femmes traitent leurs compagnons comme des bébés. On n'entendait pas ça avant.

**L. S.** « Rares sont les moments de l'Histoire où l'alliance des deux mots "ambition" et "féminine" n'a pas choqué », dites-vous. Comment expliquez-vous qu'on loue l'ambition d'un homme, mais qu'on la trouve suspecte chez une femme ?

**É. B.** Ce sont les ultimes reliquats de ces traditions, millénaires ou centenaires, qui pèsent encore très lourd sur nos inconscients.

**L. S.** Avez-vous été ambitieuse ?

**É. B.** Oui, j'ai été ambitieuse pour moi-même. Je m'étais donné un objectif : l'agrégation, et j'aurais fait n'importe quoi pour l'atteindre. C'est une ambition qui peut paraître modeste, comparée à de grands rêves politiques ou artistiques.

**L. S.** À l'âge de seize ans, vous êtes en seconde à l'École alsacienne et vous découvrez *Le Deuxième Sexe*, de Simone de Beauvoir. « Ce fut le coup de tonnerre de ma vie », dites-vous. La voici, au micro de Claudine Chonez, en 1949 :

> **Simone de Beauvoir** — Il faut que les femmes travaillent. Comme ça, elles ne seront plus des parasites et s'en trouveront beaucoup mieux. Je crois aussi les hommes qui expriment souvent le fait d'être dévorés par des femmes au foyer qui, précisément, n'ont pas d'autre métier.
>
> **Journaliste** — Pensez-vous que l'indépendance économique est la condition sine qua non du changement ?
>
> **Simone de Beauvoir** — Absolument. C'est à la fois la garantie de leur indépendance, de la conscience qu'elles prendront d'elles-mêmes, des responsabilités qu'elles auront à assumer, et la base sur laquelle elles pourront revendiquer des droits civiques et avoir vraiment un rôle dans la société. Et trouver leur bonheur en même temps que leur liberté.

**É. B.** Ce fut une révolution intérieure au beau milieu d'un destin féminin tout tracé, jusqu'alors indiscuté. À l'époque, l'existence des femmes pouvait se résumer ainsi : Tu vas te marier. Tu auras des enfants. Tu t'occuperas de ta maison et de ton petit mari. Qu'une femme dise l'inverse et proclame écrire m'a fait l'impression qu'on enlevait les barreaux d'une prison. J'en ai été incroyablement enthousiasmée. L'effet sur moi a été très puissant. Simone de Beauvoir était pour moi un modèle de femme libre, à l'avant-garde de la critique des conventions. C'est la seule femme qui m'ait apporté cette richesse de réflexion. Elle m'a forcée à réfléchir. Le principal point de désaccord, à mes yeux, est qu'elle a cru que la féminité était une invention des hommes. C'est faux. Elle voyait très bien ce qu'était la masculinité, mais pas la féminité. Pour avoir ensuite pas mal travaillé sur les sujets qu'elle a abordés, je me suis aperçue que *Le Deuxième Sexe* n'était pas très bien sourcé. Quand elle publie son livre, en 1949, elle se base sur des modèles traditionnels. En revanche, je pense que personne ne l'a remplacée. Elle reste la mère des féministes de ma génération.

**L. S.** Déplorez-vous le fait que les femmes politiques, aujourd'hui, ont tendance à gommer leur féminité, à se viriliser ?

**É. B.** C'est parce qu'elles pensent qu'elles seraient probablement mal jugées par le public, les électeurs. Elles ont peur de montrer leur féminité. Regardez ce qui est arrivé à l'ancienne ministre de l'Égalité des territoires et du Logement, Cécile Duflot : le jour où elle a osé mettre une robe à l'Assemblée nationale, cela a provoqué une histoire absolument épouvantable. C'est insupportable. Les femmes n'ont pas envie de subir ça. La conséquence est qu'elles revêtent un uniforme invisible pour qu'on les laisse tranquilles.

**L. S.** Comment jugez-vous le mouvement #MeToo, initié en 2017 ?

**É. B.** Je le pense nécessaire pour les femmes qui ont subi des agressions physiques. C'est absolument abominable. J'ai rencontré plusieurs femmes violées qui, pendant des années, n'ont pas pu en parler. La libération de la parole initiée par #MeToo est extrêmement bienfaisante. Ceci posé, les amalgames entre les différentes agressions me paraissent dangereux. Un exemple : j'ai été outrée, indignée, par la femme qui a créé #BalanceTonPorc et a attaqué un homme qui a eu à son égard une phrase grossière. Elle a été condamnée par la justice pour diffamation. Mais la vie de cet homme est aujourd'hui foutue. J'ai toujours préféré un coupable dehors qu'un innocent en prison. Et je trouve un peu fort qu'on puisse, par un appel au tribunal populaire, détruire la vie d'un individu – ce serait la même chose si c'était une femme. C'est de plus en plus fréquent et cela signe la fin de la justice. Autant il est salutaire que des femmes puissent parler de ce qui leur est arrivé et porter plainte (ou non) ; autant le fait de livrer un nom sur la place publique pour en faire la cible numéro un, est à mes yeux insupportable.

**L. S.** Est-ce que vous ne retenez du phénomène #MeToo que ses excès ? J'ignore si c'est le cas autour de vous, mais j'ai vu des jeunes femmes me dire qu'elles avaient été touchées, harcelées, placées sous emprise ou qu'elles avaient été la cible du chantage d'un homme. Sans aller jusqu'au viol, la domination de l'homme sur la femme peut parfois prendre des aspects très subtils.

**É. B.** J'aime bien qu'on soit rigoureux avec les concepts. Celui d'emprise est incalculable et totalement personnel. Je trouve que c'est un peu facile.

**L. S.** La tribune publiée dans la presse sur la « liberté d'importuner » et signée par cent femmes (dont l'actrice Catherine Deneuve et l'écrivaine Catherine Millet) a pu en choquer beaucoup. C'est le cas de l'écrivaine Annie Ernaux :

> Le mouvement #MeToo a été pour moi comme une grande lumière, une déflagration que je n'attendais plus.

> Comme un grand espoir qui se lève. Il y a eu des réactions absolument désolantes de la part de femmes célèbres et privilégiées, qui ne connaissent pas la réalité des rapports entre les hommes et les femmes dans le milieu du travail, le métro, partout... Elles ont certainement eu le privilège d'avoir de la liberté et de pouvoir dire non[1].

**L. S.** Si elle était là, Annie Ernaux vous dirait que vous parlez ainsi car vous êtes privilégiée. Qu'en pensez-vous ?

**É. B.** Je prétends parler comme je veux ; ces femmes ont parlé comme elles l'entendaient. À mes yeux, la critique qui consiste à dire que tout s'explique par le fait qu'elles sont privilégiées est un peu courte.

**L. S.** J'essaie de comprendre ce que vous pensez vraiment de ce mouvement : n'a-t-il pas apporté quelque chose de salutaire pour la société ? Pour le combat des femmes ? Ou pensez-vous que c'est le signe d'une régression, qui va assigner les femmes au rôle de victime ?

**É. B.** Vous m'avez mal entendue. Le fait que des femmes aient pu parler est un soulagement inouï. De ce point de vue, je trouve #MeToo positif. Ce mouvement aura effectivement amélioré le sort des femmes victimes de violences physiques, en leur permettant de parler et en montrant l'ignominie qu'est le viol. #MeToo aura aussi amélioré leur sort dans le monde du travail. En revanche, il faut cesser de penser que *la* femme est une victime-née. Ou que les hommes sont tous des agresseurs potentiels, comme le dit Caroline De Haas. Ce n'est pas vrai. Laisser

---

1. La Matinale, France Inter, 2019.

entendre cela est absolument dégueulasse et aura des conséquences très graves.

**L. S.** Craignez-vous une guerre des sexes ?

**É. B.** Je crains le séparatisme et la méfiance réciproque. J'entends beaucoup de jeunes hommes qui ne savent plus comment faire, quoi dire. Un mot peut vous clouer au pilori. Je vais vous le dire, Léa Salamé : j'étouffe. Il y a comme une espèce de chape de plomb qui pèse sur nous, tous les jours un peu plus. On coupe une phrase, qui du coup devient ambiguë, on la colle dans un tweet, et voici des milliers, des millions d'indignations, de condamnations... La liberté de parole est menacée. Quand cent femmes signent une tribune sur la « liberté d'importuner », elles usent de leur liberté de parler.

**L. S.** Mais on vous a proposé de la signer cette tribune. Pourquoi avoir refusé de le faire ?

**É. B.** Parce que je ne partageais pas leur point de vue sur les frotteurs dans le métro. Pourtant, je souhaitais qu'elle paraisse. Je redoute le moment où il n'y aura plus qu'une seule parole qui pourra s'exprimer. D'ailleurs, nous y sommes : quand on empêche Sylviane Agacinski de faire une conférence parce qu'elle est soupçonnée d'homophobie, je trouve ça abominable. Je ne suis pas d'accord avec elle sur beaucoup de sujets ; elle n'est pas d'accord avec moi ; mais nous pouvons nous parler sans nous insulter ! C'est aussi arrivé à François Hollande, à Alain Finkielkraut. S'il faut être escorté par des policiers pour aller s'exprimer à l'université ou à Sciences Po, c'est la fin de la liberté d'expression. J'en suis très inquiète.

**L. S.** « Il n'y a pas de féminisme sans laïcité », avez-vous déclaré au *Monde*, en avril 2018. Si je suis une femme voilée, et que je me déclare féministe, je ne le suis donc pas vraiment ?

**É. B.** Le féminisme se définit par la liberté, la fraternité mais surtout l'égalité. J'aimerais bien savoir comment on peut se dire féministe tout en suivant les commandements divins des religions juive, catholique ou musulmane. C'est un formidable détournement des termes. Ces textes assignent une place aux femmes et font de leur mari, leur maître. En revanche, je ne suis pas contre le voile dans l'espace public, car je suis pour la loi de 1905. Ni plus, ni moins.

**L. S.** Vous avez été beaucoup attaquée sur les réseaux sociaux. On vous a traitée d'« islamophobe », de « radicale », d'« extrême ». Est-ce que cela vous blesse ou vous indiffère ?

**É. B.** Je m'en fiche, mais pour une mauvaise raison : je ne suis pas et ne veux pas être sur les réseaux sociaux. Je m'en fiche aussi parce que ça ne m'atteint pas. J'essaie simplement, par honnêteté intellectuelle, de dire ce que je pense.

**L. S.** Il paraît que François Mitterrand disait que vous exagériez, que vous étiez radicale, parfois intolérante. C'est vrai, ça ?

**É. B.** Je ne sais pas, il ne me l'a jamais dit en face.

**L. S.** Vous avez défendu la prostitution, vous êtes pour la gestation pour autrui – alors que vendre son ventre reste pour beaucoup de femmes quelque chose d'horrible. Vous vous êtes aussi exprimée contre la loi sur la parité en politique. Sans vous demander de revenir sur chacun de ces sujets, aimez-vous à ce point la provocation ? La loi sur la parité en politique n'est-elle pas pertinente ? Vingt ans après, n'avez-vous pas eu tort de vous y opposer ?

**É. B.** J'aime la démystification. Quand je vois quelque chose qui me semble relever de la mystification, je pars comme une bombe. Je reste philosophiquement opposée à cette loi. Peut-être que personne ne s'en souvient, mais il s'agissait d'introduire la différence biologique dans la Constitution. Cela me semblait extrêmement dangereux. Je crois pour ma part à la compétence, et je reste persuadée que les femmes sont aussi aptes que les hommes, voire parfois plus. Mais je reconnais, vingt ans plus tard, que cette loi a sûrement accéléré les choses. En ce sens, je la trouve bénéfique. À mes yeux, la parité est valable aussi pour les hommes. Désormais, certaines professions, comme celle de la magistrature, ne la respectent plus. Je ne dis pas qu'il y a trop de femmes : je constate qu'elles sont plus nombreuses à se présenter à ce concours. Dans vingt ans, nous aurons une magistrature ultraféminisée. Ça ne me paraît pas plus juste, voyez-vous.

**L. S.** Toutes les femmes puissantes que j'ai interviewées ont un rapport particulier à leur père. Voici ce que disait le vôtre au micro du journaliste Jacques Chancel, en 1968 :

> **Jacques Chancel** — Marcel Bleustein-Blanchet, vous êtes né à Enghien-les-Bains le 21 août 1906. À soixante-deux ans, vous êtes toujours plus jeune, actif et plus sollicité que jamais. Vous êtes le seul homme du monde à

posséder un palais qui rivalise avec l'Arc de triomphe. Vous êtes président de Publicis. Je dirais que vous êtes le pape d'un nouvel art : la publicité. Êtes-vous d'accord ?

**Marcel Bleustein-Blanchet** — Non, parce que je ne vais pas paraître très modeste. Je vais simplement vous citer une phrase d'Alfred de Vigny, qui disait : « L'homme qui a réussi est celui qui, à l'âge mûr, a réalisé ses rêves de jeunesse. » Je crois être cet homme, parce que j'ai dépassé mes rêves de jeunesse. Ne croyez pas que j'avais prévu cette ascension. Cette ascension a, pour moi, doublement de prix. Je n'aurais pas cru qu'après la guerre, ayant fait toute cette période dans l'aviation, craignant de ne pas revenir, j'aurais eu la chance de recommencer un double saut périlleux, comme à l'âge de vingt ans. Alors là, oui, c'est une satisfaction[1].

**L. S.** Vous dites : « Notre père nous a donné [à vous et vos sœurs] les moyens psychologiques de l'ambition. » Qu'est-ce que cela signifie ?

**É. B.** Mon père a tout le temps exprimé son respect et sa confiance en nous. Pour une fille, c'est immense. J'appelle « filles à père » celles qui ont eu la chance d'avoir un père respectueux, aimant, et qui, en même temps, leur a transmis sa force et son énergie. Cela n'a rien à voir avec le fait que mon père était quelqu'un de puissant. En fait, il était avec nous comme une mère juive. Dernier de neuf enfants, il avait été très aimé par sa mère et a reporté cet amour sur nous. Il nous disait tout le temps : « Si tu veux, tu peux. Mais il faudra en payer le prix. Et le prix peut être très, très dur et très cher. »

**L. S.** Vous avez payé le prix, vous ?

---

1. « Radioscopie », France Inter, 1968.

**É. B.** J'ai payé beaucoup moins que les autres, donc je ne m'étalerai pas là-dessus. Et j'ai eu beaucoup de chance : non seulement d'avoir ce père, mais aussi de pouvoir faire ce que je voulais, notamment grâce à l'aisance de mes parents. Jeune, mon père a créé la Fondation pour la vocation, que je préside aujourd'hui. Ce sont des bourses données à des jeunes qui ont des vocations puissantes, mais qui sont économiquement, socialement démunis. Aujourd'hui, sur trente bourses allouées, les quatre cinquièmes le sont à des femmes.

**L. S.** Au fond, tout ce que vous avez fait l'a été pour rendre votre père fier ?

**É. B.** Peut-être. Je ne saurais vous répondre précisément. Je pense que ce n'était pas tant pour lui que pour moi. Et je lui dois ça. À quatre ans, il me considérait comme la reine de Saba. J'avais une idée de ce que je devais faire. Il m'a rendue forte.

**L. S.** Outre la figure de votre père, il y a aussi celle de votre mari. Vous avez vingt-deux ans quand vous épousez cet homme.

> **Journaliste** — Robert Badinter, vous formez avec votre épouse, Élisabeth, un couple emblématique. En êtes-vous conscient ?
>
> **Robert Badinter** — Pas du tout. Élisabeth et moi ne nous regardons pas comme un couple. Nous sommes ce que nous sommes, et nous vivons ensemble depuis plus de cinquante ans. L'éternité, ce serait vivre pour toujours avec elle. Espérons. On verra[1].

1. « Thé ou café », France 2, 2018.

**L. S.** Récemment, Robert Badinter nous disait : « Tout ce que je fais maintenant, tout ce qui importe, c'est pour séduire Élisabeth, pour qu'elle m'admire toujours. »

**É. B.** Je ne le savais pas. Mais ce que vous dites me gêne.

**L. S.** L'admirez-vous toujours ?

**É. B.** Et comment ! Plus que jamais.

**L. S.** Vous avez une belle phrase le concernant, et qui pourrait s'appliquer aux autres hommes : « Un homme qui est heureux quand il arrive quelque chose d'heureux à sa femme est un féministe. »

**É. B.** Robert m'a souvent aidée psychologiquement, alors que nous exerçons dans des domaines très différents. Quand je parvenais à monter un peu les marches dans mon propre domaine, je sentais qu'il était réellement heureux pour moi. Entre nous, il n'y a jamais eu la moindre rivalité. Et c'est très important.

**L. S.** Vous n'avez pas souffert d'être parfois ramenée au statut de « Madame Badinter » ?

**É. B.** Pas du tout. Même si, à l'époque, il aurait été difficile de faire autrement. De toute façon, c'était Élisabeth Bleustein-Blanchet ou Élisabeth Badinter : la fille de mon père ou la femme de mon mari. J'ai toujours porté ce nom avec beaucoup de fierté.

**L. S.** Comment fait-on pour qu'un couple tienne aussi longtemps ?

**É. B.** Je serais incapable de vous répondre. D'abord, il y a un grand respect de l'un envers l'autre. Le respect est quelque chose de fondamental. Quand on aime, on respecte. Je n'ai jamais eu le moindre empêchement de la part de Robert. Il peut arriver que nous ne soyons pas exactement sur la même longueur d'onde (comme ce fut le cas lors de l'affaire du foulard de Creil). Mais il m'a dit : « Si tu penses ça, si tu veux dire ça, alors vas-y. » Le respect fait partie de l'amour. Sur le long terme, il en est même une illustration. Seul, il ne suffit pas ; mais, pour que l'amour dure, il faut respecter la liberté de l'autre, l'encourager.

**L. S.** Je demande à toutes les femmes que j'interviewe une chanson qui leur fait penser aux femmes et à leur puissance. Et vous avez choisi « Femmes, je vous aime », de Julien Clerc. Pourquoi ?

**É. B.** Parce qu'elle incarne l'anti-macho. C'est fondant, littéralement. Je suis un peu fleur bleue, vous savez.

**L. S.** Et pourtant, vous semblez toujours forte, maîtrisée. Y a-t-il de la place chez vous pour la maladresse, la colère ou la fragilité ?

**É. B.** Bien sûr. Mais je n'ai pas à le montrer en public. Après, je n'ai jamais hurlé, ni rien cassé par colère. J'ai beaucoup de défauts, mais je m'abstiendrai de vous les dire.

**L. S.** Auriez-vous aimé être un homme ?

**É. B.** Non. Et surtout pas maintenant. Jeune, j'ai très vite compris que le tour des femmes viendrait. J'ai donc toujours été très contente d'être une femme.

**L. S.** Êtes-vous coquette ? Vous maquillez-vous, par exemple ?

**É. B.** Je ne me maquille pas. C’est une habitude qu’il faut prendre jeune. Après, il est trop tard.

**« La puissance – si j'en ai – je la dois à mon intégrité. Et à ma liberté. »**

— BÉATRICE DALLE

Elle affirme que plus c'est trash, plus elle est à l'aise. Elle n'aime pas les demi-mots, les demi-teintes, les demi-mesures. Sa meilleure amie, l'écrivaine Virginie Despentes, dit que son jeu d'actrice vous extirpe dix mille émotions à la seconde. C'est aussi le cas dans la vraie vie. Rencontrer la plus grande bouche du cinéma français est une expérience qui ne s'oublie pas. Depuis son apparition ahurissante dans le film *37°2 le matin*, Béatrice Dalle se balade dans notre inconscient. Incandescente, émouvante, excessive. Elle est surtout de celles à qui l'on pardonne tout. Je l'ai rencontrée dans un café du Marais, non loin de chez elle, à Paris.

**LÉA SALAMÉ**

En général, on fait l'entretien chez la personne interviewée. Mais vous avez refusé. Pourquoi ?

**BÉATRICE DALLE**

Parce que personne n'entre chez moi. Même pas mon amoureux. Jamais. Ce n'est pas qu'il y a des choses que j'ai envie de cacher, mais c'est ma vie. Personne n'a rien à foutre là-dedans.

**L. S.** Béatrice Dalle, si je vous dis que vous êtes une femme puissante, que me répondez-vous ?

**B. D.** Je l'entends souvent. Mais puissante en quoi ? Puissante à force d'avoir tant de dignité et de liberté, peut-être. Il y a le respect que les gens ont pour moi, que ce soient ceux qui me proposent du travail ou les gens que je croise dans la rue. Je me répète souvent cette phrase : l'intégrité, ça paie.

**L. S.** Vous pensez vraiment que c'est votre intégrité qui explique votre aura ? Le refus de tout compromis ?

**B. D.** Oui. Je pense que les gens ne dorment pas, ils ne sont pas bêtes. Ils reconnaissent qui sont les escrocs. Mais ma manière de fonctionner consiste à faire des choses dont je suis fière. Si je suis payée, c'est encore mieux, même si je suis toujours en galère d'argent – et je ne m'en plains pas, j'ai une vie géniale. Cela m'a permis de travailler avec les gens qui me faisaient rêver. Ma grande soif de liberté – et je n'aurais pas pu vivre autrement – induit aussi ma solitude. C'est pour ça que personne ne rentre chez moi. J'entends souvent des actrices dire qu'elles sont femmes avant d'être actrices ; moi, je suis une actrice avant d'être une femme. Je n'ai pas de vie privée.

**L. S.** Est-ce que vous pouvez me lire ce qui est tatoué sur votre bras ?

**B. D.** « Qui est ma force induit ma solitude, qui est ma faiblesse aussi. » C'est une phrase de Pier Paolo Pasolini. J'aime Pasolini, mais je voulais écrire quelque chose qui me corresponde, et pas quelque chose de complètement abstrait, qui n'aurait rien voulu dire. Cette phrase, c'est moi.

**L. S.** Il y a une autre phrase sur votre bras gauche. Elle est signée de Jean Genet : « Visite dans sa nuit ton condamné à mort, arrache-toi la chair, tue, escalade, mords. »

**B. D.** N'est-ce pas ce que tu ressens quand tu aimes vraiment ? Pour moi, si. Des fois, j'envie mes copains et mes copines qui se tapent quelqu'un, le temps d'une soirée. Ce n'est pas grave, ils s'amusent, ils passent un bon moment. Pour moi, c'est impossible. Le plus beau mec du monde peut débarquer : s'il n'incarne rien, il ne se passera rien. Il faut du temps pour se connaître. Même s'il y a une exception qui confirme la règle : Kurt Cobain. Avec lui, c'est quand il veut. Bien sûr, je suis sensible à sa musique, mais quelque chose en lui m'émeut infiniment. Kurt Cobain, c'est un tout, une manière de vivre, une existence qui est trash. Comme c'est triste de mourir à vingt-sept ans, comme Janis Joplin ou Amy Winehouse. On a tellement changé d'époque depuis : regardez, aujourd'hui tous les rockeurs sont végans ! C'est leur problème. Chacun fait ce qu'il veut de sa vie, mais pour moi, ça a eu une tout autre signification : la vie que j'aime, c'est faire n'importe quoi pourvu que ça donne du plaisir, de l'amusement.

**L. S.** Et vous en avez réchappé.

**B. D.** Oui, tu ne peux pas imaginer. Je dois être indestructible, car même quand je me déchirais à mort, je tenais toujours bien plus la route que les autres.

**L. S.** J'ai l'impression que vous êtes l'anti-actrice par excellence. En général, les actrices sont en permanence dans la maîtrise d'elles-mêmes et de leur image. Vous, vous semblez vous en être complètement affranchie.

**B. D.** Pour moi, c'est ce qui va rester qui est important. Je fais la comparaison avec les musées – où je vais beaucoup, parce que je suis une dingue de peinture, et en particulier de Titien. Quand on regarde les femmes qu'il a peintes, on se demande quelle était leur vie… Quel honneur d'avoir été choisies par lui.

**L. S.** Pourquoi le terme « puissante » a-t-il du mal à être accepté par les femmes ?

**B. D.** Pas seulement par les femmes, je dirais la même chose pour les hommes. Une fois, j'ai entendu quelqu'un dire « les ouvriers, les prolétaires, les petites gens… », je lui ai répondu de retourner chez sa mère. Pourquoi « petites gens » ? Ne pas avoir d'argent vous rend moins important qu'un autre ? La puissance, je l'ai sur scène. Je sais que je suis une bonne actrice. Et je ne peux pas ne pas être une bonne actrice parce que, regarde : je dis un mot, je pleure. Tout m'émeut, tout me touche. Je peux être un diable aussi.

**L. S.** À l'âge de vingt-cinq ans, vous aviez répondu au questionnaire de Proust. À la question : « Quel est, pour vous, le comble de la misère ? », votre réponse était : « Passer inaperçue. » Diriez-vous la même chose aujourd'hui ?

**B. D.** Je me souviens de ma première soirée à Paris. J'avais quatorze ans, j'avais fait le mur et j'ai débarqué aux Bains Douches, une discothèque où il n'y avait que des mannequins sublimes. Quand je suis arrivée, j'étais l'attraction de la boîte. Alors que j'étais bien moins belle que toutes les autres filles. Mais j'avais certainement quelque chose en plus.

**L. S.** À votre avis, ce quelque chose, c'était quoi ?

**B. D.** Je me tenais bien. Je me tiens toujours bien, droite comme un I. Il n'empêche que j'ai commis plein d'escroqueries, fait des choses pas bien. Sauf que je ne m'en cache jamais. Mon agent – qui veut me protéger – me dit souvent d'arrêter de parler ; mais non, ça fait partie de moi. Tout ce que je fais ne met en jeu que moi, ma vie, mon avenir professionnel ou amoureux, ma santé. Je n'y réfléchis pas.

**L. S.** Vous êtes devenue puissante très jeune, à l'âge de vingt ans, avec le film *37°2 le matin*. Voici un extrait :

> **Betty** — Tous des salauds. C'est forcé que la fille, elle se retrouve le matin sur le quai avec ses valises. Mais pourquoi tu m'écoutes pas ? Pourquoi tu m'écoutes jamais ?
> **Zorg** — Mais si je t'écoute, je t'écoute.
> **Betty** — J'ai pas forcément besoin d'un type qui me baise. Quand je pense que je suis restée un an dans cette daube.

**B. D.** Je ne reconnais même pas ma voix. En plus, je la trouve complètement fausse. Sincèrement, je suis très mauvaise, le ton n'est pas du tout juste. C'est très difficile d'entendre sa voix.

**L. S.** Votre personnage minaudait ?

**B. D.** Non. Minauder, c'est faire une sorte de calcul. Quand on minaude, on fait très attention. Là, j'étais une sorte de bébé qui n'avait jamais rêvé de faire du cinéma. Je suis issue d'une famille prolétaire – attention, ce n'est pas une critique, ça peut être la plus belle vie du monde pour un enfant –, mais je ne comprenais rien. On m'a proposé de faire ce film, et j'ai dit oui parce que je n'avais pas d'argent. Je faisais parfois la manche sur les Champs-Élysées.

**L. S.** Quand le film est sorti, il est devenu un phénomène. Hormis Isabelle Adjani, il y a peu ou pas d'actrices qui ont connu un tel succès pour leur premier film. On ne voyait plus que vous. Vous dites d'ailleurs : « On m'a tout de suite parlé comme à un patron. »

**B. D.** Oui, parce que je parle toujours bien aux gens, et je demande qu'on fasse la même chose avec moi. Je ne supporte pas ceux qui bouffent à tous les râteliers et parlent mal à certains. Pour moi, c'est la chose la plus honteuse.

**L. S.** Réussir à vingt ans, n'était-ce pas prématuré ?

**B. D.** Non. J'étais prête à accéder à ce niveau de notoriété. Mon entourage, ma famille, mes amis, mon agent, Dominique Besnehard – qui m'a découverte et est devenu ensuite mon meilleur ami –, tout le monde se demandait comment j'allais bien pouvoir assumer un truc pareil. C'est comme quand tu tombes amoureuse :

tu ne réfléchis pas, tu y vas. Cette histoire va peut-être t'emmener dans le mur, mais tu fonces quand même, car elle peut aussi t'emmener au ciel.

**L. S.** En amour, les hommes vous ont-ils souvent menée dans le mur ?

**B. D.** Les deux. Certains m'emmenaient dans le mur. D'autres, vers le ciel.

**L. S.** Vous avez vécu dix ans d'amour avec Didier Morville, *alias* JoeyStarr. Il dit de vous : « Béatrice Dalle est une Ferrari, mais il lui manque une roue. »

**B. D.** C'est vrai. Didier, c'est l'homme de ma vie. Il dit ça parce que je suscite l'enthousiasme, mais aussi parce que je n'ai aucune limite – bien moins que lui. Je m'en fiche de tomber, car je ne suis jamais tombée. Je suis toujours sur le fil, mais je ne tombe pas.

**L. S.** Vous dites : « Violence et amour sont souvent inextricablement liés. »

**B. D.** Je ne parle pas de la violence physique. Disons que je ne connais pas l'amour serein. Je n'aime pas le quotidien. Il faut que je me sente en vie. En dix ans de relation avec lui, je n'ai jamais connu le quotidien.

**L. S.** Quel est votre rapport au sexe, à l'érotisme ? Je me suis demandé si c'était une passion chez vous, voire la grande histoire de votre vie ?

**B. D.** J'ai un rapport très particulier au sexe. J'aime que ce soit hardcore. Je fantasme sur le Moyen Âge, la torture, le fait de ne pas voir les visages derrière les masques. J'aime les histoires qui craignent, le sexe hardcore, et pas des trucs de petits joueurs qui font du SM en latex. Je sais que ça peut paraître bizarre. Je voudrais d'ailleurs préciser que je ne suis ni masochiste, ni sadique, ni attirée par le viol. L'inconvénient, c'est qu'on ne peut pas faire ça avec son amoureux ou son amant : s'il met une cagoule, tu sais quand même que c'est lui.

**L. S.** Qui est Béatrice Cabarrou ?

**B. D.** C'est le nom que je portais avant de me marier. C'est le nom du monsieur qui m'a élevée, mon père. Il était fusilier commando marin.

**L. S.** Vous avez fui de chez vous à l'âge de quatorze ans. Pourquoi ?

**B. D.** Mon père est quelqu'un qui, dès la naissance, en a pris plein la gueule. À la DDASS, il a été adopté par une dame très gentille, mais qui est morte peu de temps après. Alors il est retourné à la DDASS... À l'âge de quatorze ou quinze ans, il s'est engagé dans la Marine avec des copains, des enfants comme lui. Il a vécu toutes les guerres. Il m'a raconté des trucs qu'on ne voit que dans les films : les couilles dans la bouche, toutes ces choses. C'était en Algérie, au Vietnam... C'était la guerre. Le vrai quotidien du soldat, les morts... C'est choquant. On nous ferait subir une seule journée de guerre, je crois qu'on ne s'en remettrait jamais. On a pris ce jeune homme, et on l'a fait voyager uniquement pour faire la guerre. Il était commando et c'est lui qu'on envoyait en premier pour égorger ceux d'en face, pour que les siens puissent avancer. La plupart de ses copains ne sont pas revenus. Si tu es en Algérie et qu'un Algérien tue ton pote, tu vas détester les Algériens. Pareil en Indochine. Du coup, mes parents étaient racistes. Je suis partie à quatorze ans et ne les ai pas revus pendant vingt ans. Un jour, j'ai appris que mon père avait envoyé une lettre à Artmedia (l'agence artistique qui me représente), mais qu'on ne me l'avait jamais transmise. Il disait : « Je voudrais juste avoir des nouvelles de ma fille. J'en ai à la télé bien sûr, mais je voudrais juste des nouvelles de ma fille parce que je souffre. » Ça m'a déchiré le cœur que mon père dise ça, lui si pudique, si timide... Quand je l'ai revu, j'ai eu le cœur brisé. J'ai réalisé à quel point j'avais été égoïste de ne pas y penser avant. Mon père n'a jamais eu le choix, on ne lui a jamais donné les bons outils.

**L. S.** Est-ce que vous lui avez pardonné ?

**B. D.** Qui suis-je pour pardonner ? C'est prétentieux, je ne suis pas Dieu. Quand je vois les anciens combattants défiler sur les Champs-Élysées le 14 Juillet, je trouve qu'on se moque trop souvent d'eux. Aujourd'hui, le patriotisme ne veut plus rien dire. On est patriotes uniquement quand il y a du football. Moi, je me sens patriote, mais pas à des fins guerrières. « La Marseillaise » me fait pleurer. Elle contient tout ! C'est la révolution, le monde qui change. C'est le cri du peuple qu'il faut entendre.

**L. S.** Vous portez plusieurs crucifix autour du cou. L'autre amour de votre vie, c'est Jésus. Pourquoi ?

**B. D.** C'est le premier. Je suis née dans une famille catholique, donc ça a forcément influé. Du plus loin que je me souvienne, je lui parlais tout le temps, je lui demandais tout, même des conneries. Je me rappelle lui avoir dit un jour : « Si tu fais que je n'aie plus mal au ventre, j'accepte de vivre dix ans de moins. » À force de lui demander, j'ai dû perdre au moins cent ans.

**L. S.** Que vous apporte la foi ? Une protection ?

**B. D.** Un des archevêques de Jean-Paul II disait à peu près ceci : « La planète est tellement magique, que ça ne peut être que l'œuvre de Dieu. » Je trouve l'amour de Dieu en nous tous. Si j'étais née dans une famille musulmane ou juive, j'aurais été musulmane ou juive. Je trouve la lecture de la Bible incroyablement poétique. Quand le Christ est né, le monde s'est arrêté de tourner. Il y a des bergers qui ont vu les oiseaux se figer dans le ciel. C'est d'ailleurs de là que vient l'expression : « Tu crois que le monde s'est arrêté de tourner quand tu es né ? » Et puis – excuse-moi –, mais Jésus est quand même le roi du bondage, non ? Dans l'église de la rue de Turenne, à Paris, il y a un tableau de Delacroix que j'adore et qui le représente avec une sorte de pagne autour de la taille...

**L. S.** Un autre homme de votre vie, c'est votre agent : Dominique Besnehard. Voici ce qu'il dit de vous :

> Béatrice, c'est une grande histoire. Tout le monde sait qu'elle est une immense actrice. J'aimerais qu'elle fasse à nouveau des premiers rôles, dans des films populaires. Mais elle préfère travailler avec des jeunes cinéastes[1].

**B. D.** C'est sa manière à lui de me voir et je la respecte. C'est le seul homme au monde qui a le droit de m'engueuler, mais ça ne m'empêche pas de faire ce que je veux. En le disant, je réalise à quel point cela me touche et m'émeut. Toute ma vie, il m'a sermonnée comme un père, toujours avec bienveillance et amour.

---

1. « L'Atelier », France Inter, 2014.

**L. S.** Si vous aviez fait d'autres choix, vous auriez pu avoir la carrière d'une Marion Cotillard ou d'une Juliette Binoche.

**B. D.** Et c'est magnifique. Ce sont des actrices que je trouve merveilleuses. Et je ne suis pas envieuse de leur parcours. Je pense que c'est pour ça que les actrices m'aiment bien : je ne suis jalouse de personne. Ma carrière à moi est comme elle est.

**L. S.** Certaines actrices disent que rien n'est plus dur que de vieillir. Qu'en pensez-vous ?

**B. D.** Ça me brise le cœur. J'ai toujours assumé ce que j'étais. Quand j'ai joué dans la série *Dix pour cent*, l'équipe s'est permis de retravailler une photo pour que je paraisse plus jeune. Je leur ai répondu que je n'avais pas vingt ans ! Pourquoi n'y aurait-il que les filles de cet âge qui soient attirantes ? Je me fais draguer uniquement par des mecs qui n'ont jamais plus de trente ans. Et des beaux ! Je n'intéresse absolument pas les hommes de mon âge. D'ailleurs, je crains qu'ils se disent : « Elle, elle doit avoir de l'expérience. »

**L. S.** L'écrivain Yann Moix a déclaré être « incapable d'aimer une femme de cinquante ans ». Qu'est-ce que cela vous inspire ?

**B. D.** Quel âge a-t-il, Yann Moix ? Il ne faut pas imaginer que c'est différent pour un homme. C'est d'une indélicatesse inouïe. Le temps qui passe me déchire, mais je ne me ferai jamais une tête en plastique. Je comprends celles qui le font, car c'est une vraie souffrance, mais moi, je ne le ferai jamais.

**L. S.** Aujourd'hui, vous dites : « J'aime les femmes, j'aime les actrices, et les actrices m'aiment bien parce que je suis pas jalouse. » Il y a vingt-cinq ans, vous affirmiez le contraire.

**B. D.** À l'époque, je n'en connaissais aucune. Dans mon milieu, il n'y avait que des garçons. C'était un monde un peu voyou, dans lequel, si tu étais une femme qui n'avait pas une grande gueule, tu te faisais prendre et jeter comme un chiffon. Du coup, je n'en fréquentais aucune. À force, les années ont passé et j'ai fait des rencontres.

**L. S.** Deux femmes comptent particulièrement dans votre vie : l'écrivaine Virginie Despentes et la cinéaste Claire Denis. Voici ce que cette dernière dit de vous :

> On rencontre une femme comme Béatrice une fois dans sa vie, c'est tout. Elle est tellement humaine qu'on se sent tout d'un coup englobé dans son humanité. C'est un compagnonnage humain. On a l'impression d'être avec elle dans le monde. Quand on essaie de lui faire comprendre qu'on est ému par ce qu'elle représente, par sa beauté, par son aura, elle nous ramène toujours à elle et exige qu'on ait un rapport simple avec elle[1].

**B. D.** Le « compagnonnage humain » est l'une des plus jolies expressions qui soient. C'est tout ce dont on peut rêver. Ce sont Virginie Despentes et Claire Denis qui m'ont choisie. Un acteur est dépendant du désir des autres. La première fois que j'ai tourné avec Claire, c'était pour *J'ai pas sommeil*. Je la trouvais incroyablement cultivée, brillante. Le genre de femme qui t'éblouit en une

---

1. Source : INA.

phrase. Je suis l'inverse de tout ça, mais je n'en ai jamais fait un complexe. Du coup, je me suis dit : « Super, je vais t'écouter et tu vas m'apprendre. » À l'époque, je n'avais pas fait beaucoup de films et, grâce à Claire, j'ai eu accès à ce cinéma qui parle à la tête. Et tous ces gens me touchent parce qu'ils sont incroyablement humains et délicats. Claire Denis et Virginie Despentes m'ont séduite par leur intellect. Virginie Despentes, je la surnomme « Harry Potter », parce qu'elle vend des milliers de livres. Elle est surtout d'une intelligence foudroyante. C'est quelqu'un qui a vécu des choses hardcore au possible, mais rien ne l'a abîmée ni aigrie. Tout l'a magnifiée. Voilà une femme puissante, tiens. Par sa liberté et parce qu'elle a changé beaucoup de choses pour les femmes. C'est une activiste, mais elle est d'une grande délicatesse, alors que beaucoup l'imaginent trash – comme moi.

**L. S.** Voici justement ce que Virginie Despentes dit des femmes :

> Je pense que nous avons, en France, un vieux contentieux avec le féminisme, un refus de celui-ci, parce qu'on est le pays du Deuxième Sexe, qui est un grand livre fondateur. Du coup, il y a une sorte de terrain du féminisme, alors qu'en même temps on est un peuple qui a particulièrement un problème avec la virilité, peut-être à cause de nos échecs à la guerre. J'ai l'impression qu'à chaque fois qu'une femme s'exprime, par exemple sur le féminisme, il faut qu'elle dise qu'elle n'a pas de problème avec les hommes, ou avec la sexualité, avec la séduction… Pourquoi ? Quand Michel Houellebecq parle, il parle de son point de vue, c'est-à-dire de mec qui a plein de problèmes, et c'est pour ça que c'est intéressant[1].

1. « Le choix des livres », France Culture, 2006.

**B. D.** Je suis d'accord avec elle. Je n'avais jamais réfléchi au rapport des hommes à la guerre, et ça m'a mis un coup. Je peux parler des violences conjugales : mon dernier mari m'a fracassée. Cela fait des millénaires que les hommes dominent les femmes. Du coup, n'est-ce pas un peu normal qu'on entende ce qu'elles ont à dire ?

**L. S.** Êtes-vous féministe ?

**B. D.** Je ne suis pas une activiste, mais je remercie infiniment les femmes qui l'ont été avant moi. C'est grâce à elles si je jouis aujourd'hui de ma liberté. Je crois être féministe dans ma vie de tous les jours. On ne m'impose rien et je ne fais pas ma vie par rapport à un homme. Dieu sait si j'aime et j'ai aimé, mais je n'ai pas besoin d'un homme pour vivre. Je n'ai jamais été une femme qui attend – surtout pas financièrement, même quand je n'ai pas d'argent.

**L. S.** N'est-ce pas ça être une femme puissante : être indépendante financièrement, physiquement ?

**B. D.** Je ne veux être dépendante de rien ni de personne. C'est sans doute aussi pour ça que je n'ai pas fait d'enfants : parce que je ne pourrais pas assumer cette dépendance-là. Même si j'adore les enfants, c'est impossible pour moi. Cette question a été réglée quand j'étais jeune. Nous ne sommes pas forcément des génitrices. On n'est pas uniquement là pour mettre bas.

**L. S.** C'est ce que dit Élisabeth Badinter.

**B. D.** Je t'aime, Élisabeth Badinter ! Mais je pense aussi que c'est merveilleux, et que ça doit être une aventure extraordinaire d'avoir des enfants. Pour beaucoup de femmes, c'est un rêve qu'elles ont depuis qu'elles sont petites filles. Je le respecte et le comprends. Mais je l'aurais mal fait. Ça ne me touche pas ni ne m'émeut. Ce qui ne m'empêche pas de l'être avec les enfants des autres.

**L. S.** Pour vous, qu'est-ce que #MeToo a changé ?

**B. D.** Pour moi, rien. Je n'ai jamais été harcelée. En revanche, je ne peux pas ne pas être solidaire avec le nombre immense de femmes qui l'ont été. J'ose espérer que, désormais, les mecs vont tout de même faire un peu plus attention.

**L. S.** Il y a eu une contre-réaction : la tribune publiée dans la presse par cent femmes sur la « liberté d'importuner ». Voici ce que dit Catherine Deneuve sur le sujet :

> Ce n'est pas le fait de défendre les hommes. C'est l'idée que les hommes et les femmes peuvent avoir un rapport normal. Et qu'on puisse éventuellement chercher à rencontrer quelqu'un, ou vouloir parler à quelqu'un de façon plus intime, sans que ça devienne du harcèlement. Comme ça peut être le cas aux États-Unis.

**B. D.** Elle a raison sur la différence entre le harcèlement, qui est inacceptable, et un homme qui essaie de te rencontrer. Je fais pareil avec les hommes : quand tu es correct, c'est comme ça que les rencontres se font. Tu as déjà sifflé un mec dans la rue ou mis une main au cul ?

**L. S.** Non, jamais !

**B. D.** Moi, je l'ai déjà fait à des mecs. Tu ne peux pas imaginer : d'un seul coup, il n'y a plus personne.

**L. S.** Vous plaisantez ?

**B. D.** Non. J'ai même vécu quelque chose d'extraordinaire : j'étais dans le Bronx avec une copine portoricaine, une fille incroyablement belle et sexy. Des mecs nous ont abordées et ont commencé à nous dire des horreurs. L'un d'eux avait une grosse voiture, un vrai cliché. Qu'a fait ma copine ? Elle s'est mise devant, a levé sa robe et a pissé sur sa voiture. Aucun d'eux n'a bronché !

**L. S.** Béatrice Dalle, quel est votre moteur : être célèbre, être une grande actrice ou gagner de l'argent ?

**B. D.** Être une grande actrice. Je suis une grande actrice.

**L. S.** Vous êtes un homme pendant vingt-quatre heures : que faites-vous ?

**B. D.** Je détesterais ça !

**« Je suis une femme puissante, comme vous, comme toutes celles qui nous écoutent. Si elles le veulent bien. »**

— NATHALIE KOSCIUSKO-MORIZET

**Rare femme de droite aux avant-postes, reconnaissable entre toutes à son allure de liane et à ses cheveux blond vénitien, elle fut longtemps le grand espoir de la politique française. Elle a été maire, députée, ministre et même candidate à la présidentielle. Nathalie Kosciusko-Morizet croyait en son destin. Soudain, après sa défaite à la primaire de la droite et aux législatives en 2017 (et la victoire d'Emmanuel Macron à l'élection présidentielle), elle décide de tout lâcher et d'aller voir ailleurs. « Je quitte définitivement la politique », a-t-elle déclaré avant de s'envoler. Ce ne fut pas « la tentation de Venise », mais celle de New York, où elle vit désormais. Nouvelle vie, nouveau job : executive vice president à Capgemini. Sur son compte Twitter, elle se présente comme simple ingénieure. En lui lançant l'invitation, je n'y croyais pas trop. Sauf qu'elle a dit oui. Je l'ai rencontrée en France, sur une île de la Méditerranée, où elle venait passer quelques jours de vacances.**

**LÉA SALAMÉ**

Si je vous dis que vous êtes une femme puissante, que me répondez-vous ?

**NATHALIE KOSCIUSKO-MORIZET**

Je vous réponds oui, je suis une femme puissante. Comme vous. Et comme toutes celles qui nous écoutent, si elles le veulent bien.

**L. S.** Vous êtes la première femme à répondre par l'affirmative à cette question. Toutes celles que j'ai interrogées trouvent que la puissance a quelque chose de suspect.

**N. K.-M.** Parce qu'il y a une ambiguïté sur le terme. Je pense qu'il y a confusion entre le pouvoir et la puissance. Pour moi, être une personne de pouvoir est le fait d'une position : on a du pouvoir sur les choses, sur les autres (ce qui est d'ailleurs assez relatif). Être une personne puissante relève plus de l'intime. C'est être dans son axe, avoir trouvé son équilibre, une capacité de résilience et d'expression. En mathématiques, la puissance est la multiplication d'un nombre par lui-même. La puissance est donc la démultiplication de soi. C'est quelque chose de personnel.

**L. S.** Avez-vous le sentiment, aujourd'hui, d'avoir trouvé votre axe ?

**N. K.-M.** Oui. Il y a cinq ans, j'aurais peut-être un peu chouiné. Parce que j'étais encore dans l'ambiguïté entre le pouvoir et la puissance. Je ne suis plus dans cette ambiguïté.

**L. S.** Vous sentez-vous plus puissante maintenant que vous dirigez des hommes, notamment des militaires dans le cadre de la cybersécurité à Capgemini, que lorsque vous étiez ministre ?

**N. K.-M.** En politique, vous êtes un écran de projection pour toutes sortes de fantasmes. Les gens ont des fantasmes *de* pouvoir et *sur* le pouvoir. Je suis sortie de ce champ-là, et ça ne me manque pas. C'est assez marrant, quand je dis ça, j'ai l'impression que personne ne me croit jamais... C'est une chance formidable de pouvoir avoir plusieurs vies. Aujourd'hui, on a d'ailleurs intérêt à avoir plusieurs existences professionnelles successives : le monde change si vite, il faut pouvoir le suivre, s'adapter, anticiper. Ce sont à chaque fois de nouveaux défis, ce n'est pas forcément facile. Mais la possibilité de prendre des initiatives dans différents champs, de refaire sa vie, est une chance formidable.

**L. S.** Je vous ai demandé de rapporter un objet qui incarne, selon vous, la femme puissante, ou la puissance de la femme.

**N. K.-M.** J'ai apporté un livre : *Mémoires d'Hadrien*, de Marguerite Yourcenar. Elle a été la première femme à entrer à l'Académie française. Elle fait partie de ces femmes qui ont réussi à avoir une œuvre, une existence propre et autonome dans un monde d'hommes, à une époque où cela n'avait rien d'évident. J'aurais aussi pu choisir une statue de Camille Claudel. C'est quelque chose qui m'a toujours frappée, même lorsque j'étais enfant : dans l'Histoire avec un grand H, il y a très peu de femmes. Depuis les origines de l'humanité, les statistiques parlent pourtant d'elles-mêmes : il y a autant de femmes que d'hommes. Mais quand vous ouvrez un livre d'histoire, lorsque vous parcourez une bibliothèque, il y a nettement moins de visages de femmes. Il en va de même en politique française, ou alors il s'agit de vies tragiques, comme celle de Jeanne d'Arc. Mais en dépit du caractère glorieux de la chose, on n'a pas toutes envie de finir brûlées sur un bûcher !

**L. S.** Il y a pourtant une femme qui est souvent citée, elle a marqué et inspiré beaucoup d'autres femmes : Simone Veil. J'ai choisi cet extrait d'elle pour son côté *old-fashioned.*

> Être une femme, c'est s'assumer comme telle : c'est-à-dire essayer de rivaliser avec les hommes. Mais cela comporte aussi la féminité, gérer sa maison, ses enfants. La femme a un rôle et une image différents de l'homme. C'est, au fond, faire les choses comme elles se présentent, le mieux qu'on peut[1].

**N. K.-M.** Simone Veil était comme ça. Je ne l'oublie pas, elle est une référence. Mais il y a une autre « Simone Weil » qui m'a beaucoup inspirée, c'est la philosophe. Un de mes livres de référence, en politique, est *L'Enracinement*[2]. Il y a dans son travail une exigence totale, absolue, qui me fascine. Elle est morte pendant la Seconde Guerre mondiale.

**L. S.** Beaucoup de femmes ont du mal à se dire ambitieuses. Au contraire, on a l'impression que vous avez toujours assumé cela. Comme si cette question n'en était pas une pour vous.

**N. K.-M.** Je trouve surtout que ce n'est pas un péché. Il y a quelque chose d'un peu faux dans le jugement qu'on porte sur les hommes et femmes politiques :

---

1. TF1, 1975.
2. Folio, 2013.

telle personne serait soit ambitieuse pour son pays, soit pour elle-même. La vérité, c'est que ces deux ambitions sont imbriquées. Il est évident qu'il y a des gens plus ou moins rayonnants et qui apportent plus ou moins à leur pays. Mais si l'on ne croit pas un minimum en soi-même, il n'est pas très légitime de chercher à conduire les autres…

**L. S.** Quand vous faisiez de la politique, on sentait l'obsession, chez vous, d'être traitée comme un homme. Avec les mêmes armes, les mêmes mots qu'eux. Vous avez déclaré : « Je suis une tueuse, il faut être une tueuse en politique. Je flingue parce qu'il faut flinguer. » Cette rhétorique guerrière, venant de vous, m'a toujours étonnée.

**N. K.-M.** Je voudrais rectifier car je n'ai jamais eu l'occasion de le faire. Cette expression « Je suis une tueuse » vient d'une interview que j'avais faite en anglais. À la question « Est-ce que vous êtes une tueuse ? », j'avais répondu : « Oui, comme tout le monde. Mais moi, je tire en face. » En politique, il faut savoir se défendre, ne pas se laisser boxer au fond du ring, sinon ça ne marche pas. J'ai dit cela parce que j'ai rencontré, dans ma vie politique, beaucoup de trahisons. La trahison n'est vraiment pas mon fort : je n'ai jamais trahi – je n'en retire d'ailleurs aucune espèce de mérite –, il se trouve que ce n'est pas dans ma nature. J'ai un manque de talent absolument total pour la trahison. Je le dis volontairement parce qu'il y a des gens, au contraire, à qui cela réussit très bien, surtout en politique. C'est un monde violent. Si vous êtes venue pour vous laisser marcher sur les pieds, on vous marchera sur les pieds et à la fin, vous n'aurez plus de doigts de pied. Une fois dans ce monde, c'est quelque chose qu'on comprend tout de suite. Ce n'est pas une option : ce monde est ainsi fait. Vous pouvez choisir votre message, tenir vos valeurs, mais vous ne pourrez pas y arriver en politique en disant d'emblée que vous allez en changer toutes les règles. C'est faux.

**L. S.** Parlons des flingueurs, justement. À droite, vos adversaires ne vous ont pas ratée. Jacques Chirac vous qualifiait d'« emmerdeuse ». Bruno Le Maire vous a traitée de « fofolle ». Jean-François Copé de « dingue ». Le meilleur est pour la fin : « Nathalie, c'est de la porcelaine. C'est magnifique, mais c'est fragile », signé Jean-Pierre Raffarin.

**N. K.-M.** C'est la dernière qui me surprend le plus. Ce n'est rien de plus qu'un délit de sale gueule : quand vous êtes blonde, on pense toujours que vous êtes fragile. Ils ne m'ont pas ratée, mais ils ne m'ont pas eue non plus. Je suis toujours là.

**L. S.** La palme d'or revient, selon moi, à François Fillon. En 2009, vous êtes secrétaire d'État de son gouvernement. Vous briguez le poste de ministre de l'Éducation nationale alors qu'il y a un remaniement, il vous répond ceci : « Je ne peux pas te donner un ministère aussi important : tu es enceinte. »

**N. K.-M.** C'est ce qu'on m'a dit à chacune de mes grossesses (j'ai deux enfants). Ça n'a toujours pas évolué et je pense que ce n'est pas propre à la vie politique. C'est tout le problème dans la carrière des femmes. C'est même quelque chose qui est anticipé lorsque, jeunes, elles postulent à un emploi : ont-elles un « risque » de tomber enceinte ? Vous rendez-vous compte du sens des mots ? On parle bien du *risque* de tomber enceinte. Heureusement qu'on fait malgré tout des enfants, sinon l'humanité ne survivrait pas !

**L. S.** De tous les hommes que j'ai cités, un fait figure d'exception : Nicolas Sarkozy. Vous avez dit à son sujet : « Il n'y a que Nicolas Sarkozy qui soit moderne avec les femmes : il leur prête spontanément un cerveau. »

**N. K.-M.** Oui, c'est vrai. Pour lui, il n'y avait pas de débat sur le fait qu'intellectuellement les femmes et les hommes sont égaux. Ce que je vous dis a l'air dingue. Mais en vous disant ça, je réalise à quel point ce n'est pas évident pour tant d'autres… Nicolas Sarkozy trouvait cela bien de travailler avec des femmes, que c'est même quelque chose d'intéressant, qu'elles ne sont pas illégitimes ou invitées par erreur. De mes années de vie politique, c'était probablement l'un des dirigeants les plus modernes sur le sujet.

**L. S.** En politique, les hommes ont manifestement un problème avec les femmes, mais à droite, c'est encore pire si j'ose dire. Toutes les femmes, de Michèle Barzach aux « Juppettes », en passant par Rama Yade, ont été flinguées.

**N. K.-M.** Ne croyez-vous pas qu'à gauche c'est encore plus hypocrite ? Ce que vous dites sur la droite est absolument évident. Mais c'est un problème qui traverse la classe politique tout entière, ainsi que la société française, la première étant le reflet de la seconde. Si vous regardez à gauche, vous trouverez des hommes authentiquement féministes, et d'autres qui sont hypocrites sur le sujet – y compris chez les grandes voix historiques de la gauche, celles qui ont un discours public féministe, mais une vie personnelle beaucoup plus conservatrice.

**L. S.** Vous pensez à qui ?

**N. K.-M.** Je pense à Jean Jaurès, Léon Blum, ou encore à mon arrière-grand-père, l'un des fondateurs du Parti communiste français.

**L. S.** Je pensais que vous alliez me citer des exemples plus contemporains, mais vous préférez citer Jaurès et Blum.

**N. K.-M.** Comme on dit dans les films: « Toute ressemblance avec des personnes... » Ils sont encore vivants.

**L. S.** Votre carrière est émaillée de coups d'éclat, de transgressions: la bise à José Bové quand vous étiez ministre de l'Écologie, et qui a fait hurler la droite; la cigarette en blouson de cuir avec les sans-abri, le « moment de grâce dans le métro »... Aujourd'hui, avez-vous des regrets? Ou est-ce que tout cela faisait partie du job: au fond, pour exister, il faut transgresser?

**N. K.-M.** Ça n'a jamais été de la transgression, bien au contraire. C'étaient des moments d'authenticité. Je connaissais José Bové, je lui ai fait la bise. Est-ce que j'allais m'en empêcher parce qu'il y avait une caméra? Je n'y ai même pas réfléchi. La photo avec les sans-abri était vraie et prise sur le vif. Mon conseiller en communication était effondré et m'avait dit: « On sait que tu es comme ça, mais personne ne pourra jamais le croire. Il faut que tu changes. » Parce que j'aurais dû changer pour m'adapter à l'image que les autres ont de moi?

**L. S.** Vous pensez vraiment qu'on vit des moments de grâce dans le métro?

**N. K.-M.** On y vit des moments insupportables, quand c'est bondé, qu'on est sur la mauvaise ligne ou qu'on est en retard. Mais on peut y faire aussi des rencontres incroyables. Un jour, je prenais le train de banlieue à la gare Montparnasse pour aller à Sèvres-Rive-Gauche, j'étais adolescente et un type me regardait depuis Paris. J'arrive à Sèvres et me dis « ouf », mais voilà que le type se penche sur le marchepied pour me parler, alors que j'étais déjà sur le quai : « Est-ce que vous avez lu *La Pesanteur et la Grâce*, de Simone Weil ? Il faut que vous lisiez ça, c'est un livre qui vous ressemble. » Et à ce moment-là, le train ferme ses portes et le type s'en va. C'était magnifique, un moment de grâce d'une certaine manière.

**L. S.** Il faut faire attention à l'expression « moment de grâce », croyez-moi ! Écoutez cette femme :

> Je pense que ça ne sert à rien qu'une femme soit ministre si elle est dans les mains d'un système qui, de toute façon, barrera son action. On a bien vu comment Françoise Giroud n'a rien pu faire. Il n'y a pas à se réjouir qu'une femme ait du pouvoir. Je me rappelle justement Françoise Giroud, qui s'était félicitée parce qu'une femme politique anglaise et conservatrice avait eu un poste de ministre important. Elle avait dit : « C'est une femme au pouvoir, donc c'est bien. » Je ne suis pas du tout d'accord. Si une femme a le pouvoir, il lui est donné par des hommes et se situe au sein d'un système que je récuse. Donc, il ne m'intéresse pas du tout.

**L. S.** Il s'agit de Simone de Beauvoir dans « Nuits magnétiques », sur France Culture, en 1979.

**N. K.-M.** Elle met le doigt sur quelque chose de très vrai. Dans la vie, ce qu'on prend a beaucoup plus de valeur que ce qu'on vous donne. Entre ce que vous êtes allé chercher avec les dents ; ce que vous avez pris ; ce que vous vouliez ; ce que vous vous êtes battu pour avoir – et ce qu'on vous a donné. C'est aussi la différence, en politique, entre une position élective (vous êtes légitime) et l'investiture que votre parti peut toujours vous enlever. Autant on peut vous enlever une investiture qu'on vous a donnée ; autant on ne pourra jamais vous reprendre la tournée des HLM, le porte-à-porte… Je suis fière d'être allée chercher des choses qui ne m'étaient pas données par les hommes.

**L. S.** Êtes-vous féministe ?

**N. K.-M.** Oui. Je suis de la génération dont les mères (pas forcément la mienne, d'ailleurs) ont mené les combats féministes. En rentrant dans le monde du travail, en réalisant quelques années plus tard que les filles et les garçons n'avaient pas été embauchés aux mêmes salaires et que la société était encore percluse d'*a priori*, j'ai retrouvé cette conscience. Le féminisme contemporain est forcément différent du féminisme des années 1970. Les combats ont changé. Mais oui, je suis féministe.

**L. S.** Le scandale Weinstein, les mouvements #MeToo et #BalanceTonPorc sont apparus alors que vous étiez aux États-Unis. Quel regard portez-vous sur ça ?

**N. K.-M.** Je n'aime pas l'expression « Balance ton porc ». C'est un mauvais mot pour une bonne cause. Je n'aime pas l'idée de la délation. Dans #BalanceTonPorc est sous-entendue l'idée que tout le monde aurait un porc, comme si c'était quelque chose qu'on avait chez soi. Ça colle un peu à la peau, c'est désagréable. Une fois dit cela, c'est un sujet très, très présent aux États-Unis, un pays incroyablement paradoxal. D'un côté, c'est là-bas que le mouvement #MeToo est né et a pris une ampleur formidable ; de l'autre, c'est un pays dirigé par Donald Trump, un multirécidiviste, qui représente ce qui est dénoncé par le mouvement #MeToo et qui a déclaré « attraper les femmes par leur chatte ». Outre cette déclaration, il a récemment été mis en cause pour viol par une grande journaliste. C'est tout le paradoxe des États-Unis.

**L. S.** Avez-vous compris la tribune sur la « liberté d'importuner », signée par des femmes qui s'inquiétaient, paradoxalement, d'un risque de guerre des sexes après #BalanceTonPorc ?

**N. K.-M.** Je pense qu'il y a un problème dans l'idée d'un continuum entre le violeur, l'agresseur, le frotteur, le dragueur. Comme si c'était les expressions multiformes et variées d'une même violence chez les hommes. Il est contre-productif de dire ça. Il faut très clairement poser la limite, qui est bien sûr le consentement. Mais pas seulement : le consentement n'est pas suffisant. La limite, c'est la situation de contrainte. La contrainte peut être économique, psychologique, hiérarchique. Il y a de multiples situations dans lesquelles une femme peut se sentir contrainte, et se retrouver à *avoir l'air consentante*, alors qu'il y a contrainte. La limite, c'est la contrainte.

**L. S.** Est-ce que vous vous êtes déjà sentie contrainte par un homme ?

**N. K.-M.** Non. J'ai eu la chance de m'organiser pour que ce ne soit pas le cas. À notre âge, il est facile d'en parler. D'ailleurs, je crois que c'est un combat que doivent mener les femmes de notre génération pour les plus jeunes. Nous avons l'âge de pouvoir prendre un peu de distance, de voir venir le truc, de le regarder avec un peu d'ironie, et surtout de le désamorcer. Mais ce n'est pas la même chose quand on a vingt ans, qu'on cherche un stage, un premier boulot... C'est pour ce genre de cas que je parle de contrainte. Il y a des situations dans lesquelles la drague n'a tout simplement pas lieu d'être.

**L. S.** Nous parlions tout à l'heure de Nicolas Sarkozy. Voici ce qu'il disait de vous dans un reportage diffusé sur France 3, en 2016 :

> **Journaliste** — Nathalie Kosciusko-Morizet est-elle vraiment de droite ? Est-ce qu'elle est dans la bonne famille politique ?
>
> **Nicolas Sarkozy** — Vous auriez pu aussi me poser cette question à moi qui suis tellement différent. Elle y est, à droite. Vous savez ce qu'est la sincérité d'une vie ? Ce n'est pas ce qu'on prétend être, c'est ce qu'on est. Nathalie Kosciusko-Morizet a fait un choix. Si elle s'était trompée, intelligente comme elle est, elle aurait changé. Or, elle n'a pas changé.

**N. K.-M.** Je trouve que c'est une bonne réponse. Les partis politiques sont une chose. Et puis il y a les êtres humains, qui sont comme des mosaïques. Plutôt que le « ni de droite, ni de gauche », je voulais revendiquer chacune des cultures politiques dont la France est faite. Je n'aime pas trop l'exigence de ceux qui voudraient qu'on soit « chimiquement pur ». Il faudrait être entièrement de droite, absolument libéral... On se retrouve vite enfermé dans des boîtes, avec des étiquettes. J'ai horreur de ça. C'est la voie d'accès à des formes de totalitarisme. Si vous n'êtes pas exactement comme *ça*, si vous êtes d'accord sur tout mais pas sur *ceci*, alors vous êtes douteux.

**L. S.** Pour beaucoup, à droite, vous étiez douteuse car vos positions étaient iconoclastes. Vous étiez plus écologiste que beaucoup sur le sujet (à gauche aussi, d'ailleurs). On se souvient par exemple de votre engagement anti-OGM, anti-gaz de schiste. À une époque où l'on parlait peu d'écologie, cette matrice était chez vous très importante. Vous étiez aussi économiquement plus libérale que beaucoup à droite, mais plus progressiste sur les questions sociétales. Aujourd'hui, à froid, quand vous regardez votre parcours politique, avez-vous le sentiment d'avoir parfois dû renoncer à vos convictions par ambition ?

**N. K.-M.** Non. Je vais vous dire quelque chose de très vaniteux : je pense que j'étais surtout plus authentique. Quelque chose m'a frappée à propos du pouvoir dans la vie politique. Beaucoup veulent le pouvoir, sont dans la conquête du pouvoir mais ne se posent pas tellement la question de son exercice. Sans doute parce qu'ils n'y réfléchissent pas suffisamment avant. Peut-être parce que, dans le fond, ce qui les amuse est plus la conquête du pouvoir que l'idée de l'exercer (ce qui peut les angoisser). Peut-être parce qu'une fois qu'ils y sont arrivés, ils sont dans la jouissance pure des symboles mêmes du pouvoir... Et vous avez beaucoup de gens, dans le monde politique – c'est malheureusement commun –, qui sont dans le jeu de la conquête du pouvoir et, une fois ce dernier atteint, ne font rien. Rien.

**L. S.** Vous faites référence au quinquennat de Nicolas Sarkozy ?

**N. K.-M.** Non, parce que le début du quinquennat de Nicolas Sarkozy a été celui du Grenelle de l'environnement. Ce fut un vrai projet de transformation écologique de la société. Pour différentes raisons, il s'est perdu, dilué.

**L. S.** L'avez-vous eu, vous, le goût de la conquête du pouvoir ?

**N. K.-M.** J'ai eu les deux : la conquête et l'exercice.

**L. S.** Pourquoi avoir arrêté la politique, alors ?

**N. K.-M.** Parce que je peux aussi aimer autre chose. Pourquoi faudrait-il être exclusif ? Un jour, j'ai eu une discussion avec Michel Rocard, à l'occasion de la sortie de *L'Exercice de l'État*, un film sur la vie politique. Il disait ne pas aimer les élections. Pour moi, c'est très mystérieux, car la capacité d'action et la légitimité proviennent justement de l'élection. C'est ce que je vous disais tout à l'heure : quelque chose qu'on va chercher est beaucoup plus fort que quelque chose qu'on vous donne. Il est plus puissant d'être élu que d'être nommé. J'ai toujours été saisie de voir qu'il y a des hommes politiques pour lesquels les deux n'étaient pas connectés. L'élection est pourtant la dernière magie du monde contemporain. C'est quelque chose qui me frappe dans la nouvelle génération : dans les sondages, de plus en plus de jeunes affirment être contre la démocratie et pour « l'homme fort ». Ils considèrent que la démocratie n'est pas forcément formidable, et croient de plus en plus en une espèce de « dictature éclairée ». Ça m'inquiète, réveillons-nous !

**L. S.** Vous ne referez plus jamais de politique ?

**N. K.-M.** Ai-je envie, là, demain de rentrer en politique ? Non. J'aime ce que je fais. J'apprends énormément. Et puis je n'ai aucune idée de ce que je ferai dans vingt ans. Est-ce que vous le savez, vous ? En revanche, je n'oublie pas ce que j'ai vécu. On emporte toujours son expérience avec soi. La vie politique, c'est d'abord une expérience des relations humaines. Je l'utilise tous les jours.

**L. S.** Est-il plus facile pour une femme de décrocher de la politique que pour un homme ?

**N. K.-M.** Il y a, dans la relation aux symboles du pouvoir, quelque chose qui relève un peu du genre. Parce que vous êtes une femme, il arrive toujours un moment où l'on vous dit que vous allez vous occuper des crèches. Et que, comme vous êtes moins intéressée par l'argent, vous allez donc gagner moins d'argent... Mais malgré tous ces clichés, on n'est pas complètement égaux face au pouvoir : les femmes sont majoritairement moins accros que les hommes.

**L. S.** Vous avez déclaré : « Je serai la première femme présidente de la République. » Est-ce quelque chose que vous ne pourriez plus dire ?

**N. K.-M.** Ce n'est pas quelque chose qui se décrète ni ne relève essentiellement de l'ordre du désir, c'est quelque chose qui est de l'ordre de la rencontre. Voilà, moi je ne suis pas, en ce moment, dans cette rencontre-là. Je suis dans un nouveau métier qui m'intéresse, dans lequel j'ai l'impression d'utiliser mon expérience passée et d'en construire une nouvelle, ce qui est génial.

**L. S.** Aujourd'hui, quels sentiments vous traversent quand vous voyez tous vos collègues de droite tomber un à un ? Après l'arrivée au pouvoir d'Emmanuel Macron ?

**N. K.-M.** J'ai été frappée par le nombre de messages que j'ai reçus et qui me disaient : « Qu'est-ce que tu as eu raison de partir ! » Je ne sais pas si j'ai eu raison. Il y a aujourd'hui une détresse chez les hommes et les femmes politiques, et la nécessité d'une reconstruction, à droite comme à gauche. Vu de l'autre côté de l'Atlantique, c'est d'autant plus frappant. J'écoute la radio, il manque ces grandes voix qui vous donnent à réfléchir, vous construisent, que vous soyez d'accord ou pas avec elles...

**L. S.** Y a-t-il encore un espoir ? Depuis deux ans, on a l'impression que toute tentative de reconstruction du champ politique semble vaine.

**N. K.-M.** Tant qu'il y a de l'énergie, il y a de l'espoir. Je n'aime pas du tout le fatalisme et le défaitisme que je sens, en ce moment, dans une partie de la classe politique.

**L. S.** La France va-t-elle mieux aujourd'hui qu'il y a deux ans, quand vous l'avez quittée ?

**N. K.-M.** Qui suis-je pour juger de l'état d'une nation ? Je fais partie des amoureux de la France, et je pense qu'elle pourrait rayonner davantage. Un jour, elle rayonnera plus grand. La France est plus vaste que ce qu'elle est aujourd'hui.

**L. S.** En 2018, vous avez déclaré : « Le monde d'Emmanuel Macron est un monde d'hommes. Les rares femmes qui en font partie n'ont pas intérêt à sortir du rang ; je n'y ai pas d'avenir. »

**N. K.-M.** J'ai été complètement investie dans la vie politique. Je n'y suis plus. Il y a une position que je ne prendrai pas, qui est celle d'observatrice ou de commentatrice de la vie politique d'aujourd'hui. Permettez-moi de ne pas vous répondre.

**L. S.** Comment avez-vous perçu le mouvement des Gilets jaunes depuis les États-Unis ? Avez-vous compris cette colère ?

**N. K.-M.** Je travaille avec des collègues d'autres pays. J'en parlais avec des Brésiliens qui me racontaient ce qui se passait chez eux, et j'entendais l'écho de cette déconnexion entre des territoires qui se sentent abandonnés, et d'autres qui avancent de plus en plus vite, au rythme du monde. Souvent, on croit qu'on est particulier, et puis on se rend compte qu'on est dans un mouvement mondial qui nous dépasse. Ça m'avait frappée à l'époque du Grenelle de l'environnement. Je pensais vraiment que ce mouvement était une grande initiative française, et je me suis rendu compte, en étant ministre en charge de le mettre en œuvre, qu'il y avait un même élan mondial. Si la société politique n'évolue pas avec la société tout entière, les choses peuvent prendre un tour violent. L'Histoire nous l'a déjà montré.

**L. S.** Qu'est-ce que les États-Unis ont changé concrètement en vous ?

**N. K.-M.** Il y a une chose intéressante dans la société américaine (qui est bien différente de la société française et fait réfléchir), c'est la manière dont on n'attend pas l'État. On se prend en main sur tout. Si vous attendez l'État aux États-Unis, vous allez l'attendre longtemps... Pour un Français, cela peut parfois être choquant. En revanche, le système éducatif américain est intéressant : la priorité y est mise sur la confiance en soi et le collectif. J'ai vu mes enfants changer et s'épanouir en traversant l'Atlantique. Je ne m'étais pas rendu compte à quel point ma vie politique leur avait pesé. C'est quelque chose que j'ai réalisé là-bas, en les voyant changer. C'est dur d'être un enfant de politique. D'une certaine manière, les enfants ont besoin d'une indifférence. À cet âge-là, disons plutôt qu'ils ne veulent pas être différents, mais comme les autres, comme les copains. Ils ont besoin de ça pour pouvoir se construire normalement, à l'abri de la violence des cours d'école. Une année, j'ai appris qu'un des copains de mon fils avait passé son temps à le défendre dans la cour de récréation et à se battre contre un autre enfant qui l'insultait. Bien sûr, mon fils ne m'avait rien dit mais il en a souffert. Aux États-Unis, il est totalement anonyme.

**L. S.** Votre père disait de vous : « Nathalie m'épatait, elle était très brillante, elle le savait, alors on ne la complimentait pas trop pour ne pas en faire une déesse. »

**N. K.-M.** C'est typiquement le genre de truc que mon père ne m'aurait pas dit en face. J'ai attendu de lire des interviews de lui pour découvrir que je l'épatais. Mon père discutait peu, ou ne discutait pas de ce qui n'était pas discutable.

**L. S.** En politique, les femmes qui réussissent doivent gommer leur féminité pour être prises au sérieux. Vous, au contraire, l'avez toujours assumée. Je me souviens d'une photo de vous dans le magazine *Paris Match* en longue robe blanche, posant enceinte à côté d'une harpe... Avez-vous joué de votre beauté ? Êtes-vous une séductrice ?

**N. K.-M.** J'avais trouvé très amusant de faire cette photo. La beauté est une conviction d'enfance. Certaines petites filles charmantes, à qui on passe son temps à dire qu'elles sont belles, gardent cette conviction en elles. Moi pas du tout : j'étais une petite fille très disgracieuse (je pourrais vous montrer des photos qui l'attestent), je n'ai donc pas du tout vécu avec cette conscience-là. Quant à séductrice... On le dit de toutes les femmes, non ?

**L. S.** Peut-on tout avoir : une grande carrière, une vie de famille et une vie amoureuse ?

**N. K.-M.** Il faut essayer de tout avoir, d'aller au bout de ses désirs, de ses envies, de ses talents. Quant à savoir si l'on réussit tout... Est-ce que vous réussissez tout, vous ?

# « La puissance, c’est un mot que je n’aime pas. »

— BETTINA RHEIMS

**Voilà une femme qui aime photographier les femmes, toutes les femmes : les actrices, les stars, mais aussi les détenues, les Femen, les travailleuses du sexe ou l'anonyme croisée dans la rue, dont le visage l'a saisie. Ses clichés, sensuels, sont mondialement connus. Ils bousculent et provoquent. Elle prétend qu'avant la photographie elle n'était pas quelqu'un d'intéressant. Bettina Rheims aurait pu se contenter d'être une héritière, fille d'académicien, amie des gens puissants, elle a préféré travailler et se faire un prénom. On l'imaginait un peu froide, pleine d'assurance. Or ce jour-là, quand elle m'a reçue, en pull noir et Stan Smith aux pieds, dans son studio du Marais en forme de labyrinthe, elle était mélancolique et tendre. Généreuse, aussi.**

**LÉA SALAMÉ**

Si je vous dis que vous êtes une femme puissante, vous me répondez quoi ?

**BETTINA RHEIMS**

La puissance a quelque chose de pas très propre. Elle comporte une forme de domination. Au contraire, l'ambition, je l'assume. On ne travaille pas comme je l'ai fait pendant tant d'années pour dire que tout cela est arrivé par hasard, ou qu'on ne l'a pas voulu. L'ambition, je l'avais ; je ne sais pas si je l'ai encore. Mais la puissance, c'est autre chose.

**L. S.** Est-ce que c'est masculin ?

**B. R.** Je rends les femmes que je photographie puissantes, fortes et fragiles à la fois. La puissance est un mot compliqué. C'est un mot que je n'aime pas.

**L. S.** Vous avez, en effet, une prédilection pour les femmes qui ont de l'aspérité, de la personnalité. Vous dites d'ailleurs : « L'homme est moins complexe que la femme, moins multiple. Plus simplet. »

**B. R.** Je n'aurais pas pu faire tout ce travail avec des hommes. J'ai l'impression de les traverser, d'en arriver à bout plus vite. Il y a bien sûr des exceptions, comme Marlon Brando. Pour lui, j'aurais fait n'importe quoi. Je lui ai parlé plusieurs fois au téléphone. Il avait une voix magnifique. Mais on ne s'est jamais rencontrés.

**L. S.** Vous êtes une femme qui fait un peu peur, non ?

**B. R.** Je suis un peu sauvage. On ne me voit pas dans les endroits publics. Les gens pensent qu'il faut être quelqu'un d'important ou de célèbre pour entrer dans mon studio. Alors qu'il suffit de sonner à la porte. Si je suis là, je suis là. J'ai connu beaucoup de gens célèbres. Aujourd'hui, je suis un peu en retrait.

**L. S.** Revient-on de la célébrité, de ce petit monde-là ?

**B. R.** À part quelques-uns, les gens célèbres que j'ai photographiés n'ont jamais été des amis. Je ne participe pas aux dîners organisés. Je fais mon travail. Et je rentre chez moi.

**L. S.** Lesquels sont devenus des amis ?

**B. R.** Jacques Chirac. J'ai fait sa photographie officielle en 1995, lors de son premier mandat. C'est quelqu'un qui a beaucoup compté pour moi. Il était incroyablement tendre avec ses amis. On l'a décrit comme un tueur – il a d'ailleurs probablement tué ses rivaux ou ceux qui lui faisaient de l'ombre. Mais moi, j'ai connu un homme exquis, drôle, délicieux. Toujours présent dans les moments difficiles.

**L. S.** Est-ce qu'il avait quelque chose de féminin ?

**B. R.** Pas du tout, c'était un cow-boy.

**L. S.** Il y a un autre homme que vous avez photographié, mais travesti en femme : Serge Gainsbourg. C'était en 1982.

**B. R.** Il a posé en tailleur blanc avec une perruque, à côté de son garde du corps. C'était pour le magazine *Actuel*. J'ai photographié Serge Gainsbourg deux fois. Il parlait peu, restait dans son coin en marmonnant et en fumant. Il ne s'intéressait pas beaucoup aux gens autour. J'aime bien sa musique, même si j'ai arrêté d'en écouter il y a vingt ans.

**L. S.** Vous avez arrêté d'écouter de la musique il y a vingt ans ? Vraiment ? Mais pourquoi ?

**B. R.** C'est quelque chose que je ne peux pas raconter. Un jour, j'ai arrêté d'écouter de la musique. Alors que j'en écoutais beaucoup, je vivais même avec. J'en mettais quand je faisais des photos. Aujourd'hui, je n'ai même pas de radio ou quoi que ce soit qui me permettrait d'en écouter.

**L. S.** Je vous ai demandé d'apporter un objet qui symboliserait la puissance des femmes. Lequel avez-vous choisi ?

**B. R.** Un portrait de Patti Smith réalisé par Robert Mapplethorpe. Elle a toujours été l'une de mes héroïnes. C'est une femme forte. J'aime ce qu'elle chante, ce qu'elle représente. J'aime sa liberté. J'aime ce qu'elle écrit. J'aime aussi qu'elle ne se soit pas laissé piéger par les canons de l'ultra-féminité, les transformations, les liftings. Elle est la preuve d'une immense liberté, d'un anticonformisme incroyable.

**L. S.** Être photographe, c'est être artiste ?

**B. R.** Cela regroupe beaucoup de choses : on peut être photographe de tennis, de courses automobiles, de guerre. Mon travail n'est pas un travail de reporter. Le réel ne m'intéresse pas. Je fabrique mes images comme un peintre fabriquerait un tableau. Oui, c'est de l'art.

**L. S.** Un très grand photographe, qui aimait les femmes comme vous, fait lui aussi le parallèle entre le photographe et le peintre. Seul le second serait un artiste selon lui. Il s'agit de Helmut Newton :

> Je regarde la peinture et, très souvent, j'en retire beaucoup. Bien sûr, la photographie et la peinture n'ont rien à voir. Hormis le fait qu'elles se passent sur papier ou sur film, et se regardent. Pour être un bon peintre, il faut avoir énormément de talent et de génie. Pour être un bon photographe, il n'est pas nécessaire d'être un génie ou un grand artiste, il faut autre chose. C'est la grande différence[1].

**B. R.** Mais c'est de la fausse modestie ! C'est tout le paradoxe de Helmut Newton, que j'ai bien connu parce qu'il était mon maître. Bien sûr qu'il pensait qu'il était un artiste ! D'ailleurs, c'en était un grand.

**L. S.** Vous êtes une très belle femme. Pourtant, j'ai lu que, jeune, vous vous trouviez moche.

**B. R.** À l'âge de huit ans, j'étais obèse et je m'habillais en taille dix-huit ans. C'était très humiliant pour moi et pour mes parents. Mon père ne voulait pas que je sorte de ma chambre et que je me montre aux autres. L'une des hypothèses à laquelle j'ai beaucoup réfléchi, c'est que je lui ai offert ensuite plein de belles femmes *via* la photographie, pour qu'il s'intéresse à moi. Quand je lui ai apporté mon livre *Chambre close*[2], il a été content. Il trouvait ça beau et s'est mis à défendre mon travail, à l'aimer. Avec

---

1. « Le Pont des Arts », France Culture, 1977.
2. Livre de photos qui met en scène, dans des chambres d'hôtel, nues, des femmes ordinaires rencontrées dans la rue (Gina Kehayoff Verlag, 1992).

ce livre en particulier – qui devait être mon quatrième sur la vingtaine d'ouvrages que j'ai publiés au total –, je me suis dit : « Tiens, peut-être. » Je ne comprenais pas pourquoi j'étais dans ces chambres d'hôtel sordides où il y avait des petits tas de mort-aux-rats dans les coins et qui sentaient mauvais. Je me disais : « Mais qu'est-ce que je fais là ? C'est la soixante-quinzième fille que je photographie nue, je ferais mieux de retourner dans ma limousine et de travailler pour *Vogue.* »

**L. S.** Votre père, Maurice Rheims, était commissaire-priseur, académicien, écrivain, scénariste. C'était un homme de pouvoir…

**B. R.** Les mots de mon père m'ont toujours mise mal à l'aise. Je ne les trouvais pas toujours propres. C'est difficile à expliquer. Il parlait des femmes d'une manière qui ne me plaisait pas. C'était un séducteur. À quatre-vingts ans, il se vantait de séduire des jeunes femmes croisées dans la rue, et de les emmener prendre le thé. Je ne pense pas qu'il faisait beaucoup plus, mais quand même. J'ai toujours eu un rapport de malaise avec lui. Il y avait toutes ces femmes qui tournaient autour de lui, et la tristesse de ma mère. Je lui en voulais.

**L. S.** De votre mère, vous dites : « C'est une femme qui a été écrasée par un homme toujours dans la lumière. » Cette image de la mère effacée, écrasée, vous a-t-elle aussi construite ?

**B. R.** Ma mère était très malade. Elle était enfermée dans une pièce avec une dialyse. Mon père ne venait jamais la voir. Elle était seule. Plus tard, j'ai découvert qu'elle avait quand même réussi à avoir du plaisir, à s'en sortir un peu.

**L. S.** Est-ce que, par votre vie, vous avez voulu la venger ?

**B. R.** Je ne crois pas que ce soit une histoire de vengeance. Lorsque j'ai été mère moi-même, je me suis réconciliée avec mon père. Ce jour-là, nous nous sommes retrouvés. Il adorait son petit-fils. Après avoir été un père lamentable, il a été un grand-père formidable. On ne peut pas en vouloir aux gens toute sa vie. C'était mon père. Et c'était un homme merveilleux, séduisant, avec un talent fou.

**L. S.** Votre sœur, la romancière Nathalie Rheims, n'a pas vraiment la même vision que vous. Voilà ce qu'elle dit de votre père :

> **Journaliste** — Vous n'appelez pas votre père « Papa » et ne dites pas « mon père », mais « Maurice ». Comme un copain.
>
> **Nathalie Rheims** — Au départ, il n'était pas du tout fait pour être père et ne voulait pas d'enfants. Quand il a rencontré ma mère, ils avaient vingt-cinq ans d'écart. Il était amoureux d'elle. Elle lui a dit : « Je suis d'accord pour t'épouser, à condition que tu me fasses des enfants. » Bettina est née, puis mon frère Louis, et moi. Il a été un père absolument magnifique, mais sur le tard. De temps en temps, je crois que « Papa » sortait, mais c'était véritablement « Maurice ». Nous avions un rapport très profond, des liens secrets. Nous étions terriblement attachés l'un à l'autre[1].

**B. R.** C'est étrange d'entendre deux sœurs parler si différemment d'un même père. Je suis partie de chez moi très tôt, à seize ans, pour ne jamais revenir. Je me suis construite contre lui et grâce à lui. Cet œil que j'ai, je le

1. « L'invité du dimanche », ORTF, 1968.

lui dois. Les rares fois où nous nous sommes promenés ensemble, il m'emmenait dans des musées. Mais aussi dans des cimetières, parce qu'il adorait la sculpture. Il s'arrêtait toujours devant la juste chose, le bon objet. Son œil n'allait jamais vers la chose évidente. J'ai attrapé ça de lui.

**L. S.** Grandir dans une famille célèbre, est-ce un avantage ou un inconvénient ? On a pu vous reprocher une certaine arrogance de classe.

**B. R.** Je suis issue d'une famille de la grande bourgeoisie dans laquelle il y avait de l'argent. Mais mes parents n'en avaient pas le comportement. Leurs amis étaient des artistes. Si je ne m'étais pas rebellée, j'aurais dîné avec Man Ray, déjeuné avec André Breton et goûté avec Paul Éluard, ce qui aurait été plus intéressant que mes copains sur des scooters. Au début, cela m'a desservie. Les gens ne me payaient jamais, parce qu'ils estimaient que je n'en avais pas besoin. Il fallait tout le temps que je coure chercher l'argent. J'ai fini par me faire un prénom. Puis, un jour, mon père a vieilli et on a arrêté de parler de lui. Ça m'a fait une peine infinie.

**L. S.** Bettina Rheims, il y a une pionnière de la photographie que vous aimez beaucoup, c'est Diane Arbus. Voici ce qu'elle dit :

> Quand vous regardez une photographie, vous ne pouvez jamais ignorer la présence du photographe. Il se passe toujours deux choses : une impression de familiarité et le sentiment que c'est absolument unique. Il y a toujours, pour moi, un point où je m'identifie. Si je me trouve en face de mon sujet, au lieu de l'arranger, je m'arrange moi-même[1].

---

1. « Zig Zag », Antenne 2, 1980.

**B. R.** Je suis devenue photographe grâce à elle – ou à cause d'elle, ça dépend des jours. Les photos de Diane Arbus sont les premières que j'ai vues sur un mur. Dans la préface d'une biographie qui lui est consacrée, elle raconte son rapport avec ses modèles. Elle était incroyablement brutale. Il y a une scène où elle allonge une femme sur un lit. Mais cette dernière ne veut plus poser, se lève pour s'en aller. Diane Arbus prend alors son appareil, se met à califourchon sur elle et coince la femme qu'elle photographie en dessous. Cela ressemble à un viol. Ce qui m'a paru incroyable, c'est d'en être arrivée là et d'assumer de le raconter. Je suis bizarrement tombée amoureuse de cette femme. Elle avait en elle une dualité : à la fois de la brutalité et de l'amour pour les sujets qu'elle photographiait.

**L. S.** Dans *Chambre close*, publié au début des années 1990, vous proposiez à des femmes rencontrées dans la rue de poser nues. Quasiment toutes ont accepté. Aujourd'hui, pourriez-vous faire ce projet ?

**B. R.** Ce serait impossible, parce qu'elles se méfieraient. Les photos se retrouveraient sur les réseaux sociaux, elles se feraient immanquablement accabler d'injures et traiter de salopes. Il y a trente ans, ce projet voulait dire quelque chose. Aujourd'hui, ça n'aurait plus beaucoup de sens.

**L. S.** Récemment, le mouvement #MeToo a révélé que des photographes de renom avaient abusé de leur position pour harceler sexuellement des modèles. Qu'avez-vous pensé de tout ça ? Est-ce que vous le saviez ? Cela vous a-t-il surprise ?

**B. R.** Je le savais, parce qu'on travaille tous avec les mêmes équipes. Je trouvais ça dégoûtant. On voit des jeunes filles de seize ans arriver au studio pour un casting, avec leur plan de métro dans la poche, ne parlant pas un mot de français ni d'anglais et ne sachant pas si elles débarquent chez un homme ou chez une femme. On utilise leur vulnérabilité. Je trouve ça absolument dégueulasse.

**L. S.** Si vous le saviez, pourquoi n'avez-vous rien dit ?

**B. R.** Ce n'était pas mon rôle. Et à qui l'aurais-je dit ? Nous étions au courant et en parlions entre nous. Je pouvais aider les filles qui me demandaient des conseils. Par ailleurs, il s'agissait surtout de garçons qui harcelaient des garçons. Je ne photographie pas de mannequins hommes, donc je ne les ai pas connus.

**L. S.** Que pensez-vous de #MeToo et de la libération de la parole des femmes ?

**B. R.** La libération de la parole des femmes est une chose absolument nécessaire. Mais la délation me plaît moins. Je trouve qu'on franchit la limite. L'espèce de grand-messe qui consiste à dénoncer tout le monde me rappelle comment les Français se sont conduits pendant la guerre. On a aussi dénoncé des choses ridicules. Beaucoup de femmes se sont discréditées en y allant trop fort. Le droit à la séduction n'existe plus. J'aimerais qu'on retourne à quelque chose de plus raisonnable. Ma génération trouvait ça gai, normal. Quand on se promenait en short, qu'on passait devant un chantier et que les types nous sifflaient, on était contentes. On se disait qu'on était jolies.

**L. S.** Craignez-vous un retour du puritanisme dans les relations entre les hommes et les femmes ?

**B. R.** Je le vois venir. C'est la montée des mouvements religieux – catholiques, en particulier – qui sont contre l'avortement, le « mariage pour tous », la procréation médicalement assistée et tous ces progrès que le monde est en train de faire. C'est un retour en arrière absolument terrifiant.

**L. S.** Qu'est-ce que la beauté ? Comment la qualifieriez-vous ?

**B. R.** C'est un don. Contrairement à ce que beaucoup de femmes croient aujourd'hui, un chirurgien ne pourra jamais vous la donner. La beauté gît dans le regard, la voix, la manière de bouger, de s'exprimer. La beauté se trouve dans le rapport à l'autre. J'adore la beauté. Dans la mode – le monde dans lequel j'ai longtemps vécu –, certaines femmes deviennent jalouses des mannequins et disent d'une fille qu'elle est trop grosse alors qu'elle pèse quarante-huit kilos. Jamais je n'ai eu ce sentiment d'envie ou de désir. Je suis juste époustouflée par la beauté.

**L. S.** Pourquoi cela semble-t-il si stupéfiant qu'une femme accepte son âge ?

**B. R.** Je me demande comment font certaines actrices pour passer devant les kiosques à journaux où s'affiche leur portrait, puis se regarder dans la glace et se dire qu'elles sont la même personne. Comment peut-on croire à cette farce ? J'ai photographié des femmes de mon âge mais qui ont l'air d'être mes filles. Bientôt, elles auront l'air d'être mes petites-filles. Vieillir, pour ces femmes, est une chose insupportable et c'est déchirant à voir. Une actrice avec laquelle j'ai travaillé a exigé d'être éclairée à la bougie, refusé que je mette des lampes et demandé qu'on recouvre d'un tissu noir le miroir dressé devant elle. Les séances de retouches sont des moments absolument déchirants. J'en ressens vraiment de la peine. Alors qu'il y a des problèmes extrêmement graves : la misère grandit, la planète ne va pas bien. Je suis choquée par cette opulence, cette abondance du monde du spectacle qui ne cesse d'enfler. Le fossé se creuse de plus en plus. Je suis révoltée par tout ce que je vois et me demande si je vais garder ce studio ouvert et continuer à faire ce que je fais. J'espère pouvoir être encore utile, servir à quelque chose. J'en ai pris conscience quand j'ai fait un travail sur les femmes détenues. J'ai passé des mois en prison avec ces femmes et compris leur détresse et la misère sociale. La misère tout court.

**L. S.** C'est un homme, Robert Badinter, qui vous a donné l'idée d'aller en prison et de photographier les femmes détenues[1].

**B. R.** Il m'en a fait l'injonction : « Allez faire ce travail. » Les détenues ont accepté d'être photographiées pour elles-mêmes. Mais aussi pour leurs enfants, leur conjoint, leurs proches, les gens qui, au bout d'un moment, ne viennent plus les voir parce qu'on les a envoyées dans une prison très éloignée de chez elles. Et que ça coûte cher de prendre le train tous les mois. Beaucoup de celles que j'ai photographiées accomplissaient de longues peines, de plus de neuf ans. La plupart de ces femmes sont complètement seules. Ces photographies, c'était comme envoyer une bouteille à la mer, en l'occurrence à la famille. Comme un signe pour dire : « Regarde, je suis encore là. J'ai tenu le coup. »

---

1. *Détenues*, Gallimard, 2018.

**L. S.** Comment ont-elles réagi en découvrant les photos ?

**B. R.** La moitié d'entre elles étaient contentes, l'autre pas. Certaines ont déploré qu'elles ne souriaient pas et avaient l'air triste. Je leur ai répondu que, ce jour-là, elles n'avaient sans doute pas envie de sourire, que c'est la réalité de la prison. Plusieurs d'entre elles m'ont particulièrement marquée. Ces femmes emprisonnées sont pour la plupart les victimes des hommes : de leur père quand elles étaient jeunes, de leur conjoint une fois adultes. Avec ce projet, j'ai l'impression d'avoir été utile. Je leur ai tendu ce miroir dont elles sont privées en cellule. Depuis, je n'ai commencé aucun autre projet. Je ne sais pas à qui je vais tendre mon prochain miroir, si ce sera avec un appareil photo ou sans. En ce moment, je ne trouve pas ma place, j'ai l'impression d'être déconnectée. Rien ne vient. Mais je vais trouver.

**« Je ne suis pas certaine que les hommes assument mieux que les femmes leur puissance. »**

— SOPHIE DE CLOSETS

On dit que c'est une femme de coups, un bulldozer. Quand Sophie de Closets a été propulsée patronne d'une des plus grandes maisons d'édition françaises (Fayard), elle avait trente-cinq ans. Aujourd'hui, elle dirige quarante salariés et publie nombre de best-sellers, dont *Devenir*, l'autobiographie de Michelle Obama. Ajoutez que Sophie de Closets est « grande, jolie, qu'elle a un mari génial et deux enfants », c'est ainsi qu'on la présente dans les journaux féminins. Bref, la femme parfaite ? Celle qui coche toutes les cases ? Évidemment, la réalité est plus compliquée que ça…

**LÉA SALAMÉ**

Si je vous dis que vous êtes une femme puissante, que me répondez-vous ?

**SOPHIE DE CLOSETS**

Que vous vous adressez à la personne morale et non à la personne physique. Les livres, les éditions Fayard, mon poste de P-DG de cette maison : c'est puissant, et je comprends que vous disiez cela. Mais pour moi, Sophie, ça n'a aucun sens.

**L. S.** Quelle serait votre définition de la puissance ?

**S. C.** La possibilité de pouvoir faire des choses. Cela relève de la capacité et de la légitimité.

**L. S.** Pourquoi la puissance est-elle suspecte chez les femmes ?

**S. C.** Mais les hommes à qui vous poseriez la question n'auraient-ils pas la même pudeur, la même modestie, la même interrogation ? Est-ce qu'un homme à qui vous diriez « Vous êtes un homme puissant » répondrait de manière complètement assumée à cette question ? Je ne pense pas.

**L. S.** Chez un homme, l'ambition est positive ; chez une femme, c'est un gros mot. Est-ce que vous êtes ambitieuse ?

**S. C.** Tout dépend de la façon dont on entend l'ambition. J'aime faire des choses que je ne sais, *a priori*, pas faire. Comme je m'ennuie vite, j'aime me faire peur, en faire plus, avancer. J'aime gagner aussi, me battre pour signer un auteur. C'est une forme de moteur qui est aussi une forme d'ambition. Mais l'ambition au sens de « faire carrière », cocher les cases, collectionner des badges, ne m'intéresse pas. C'est une conséquence, pas un objectif.

**L. S.** Quel est pour vous l'objet qui symbolise la femme puissante ?

**S. C.** C'est un livre : *Une chambre à soi*, de Virginia Woolf[1]. Pour que les femmes puissent déployer leur propre génie, leur liberté créatrice et intellectuelle, elles ont besoin de deux choses : de temps et d'une chambre à soi. Les conditions matérielles sont la clé pour pouvoir se libérer et devenir qui on est. La façon que Virginia Woolf a de raconter la domination des hommes sur les femmes n'est pas vindicative, mais assez clinique, émouvante, poétique. C'est aussi une domination exercée sur leur espace, leur temps, donc sur leur esprit. Ce livre a été pour moi une grande claque. Ce besoin d'émancipation ne m'a jamais quittée.

**L. S.** Vous avez la même référence que Leïla Slimani, qui explique qu'elle aussi a besoin de son bureau, d'une pièce à elle.

**S. C.** Ça ne m'étonne pas. Dans un tout autre registre, je pense que les open spaces ont été inventés par les hommes : comme ils ont toujours eu un endroit à eux, ils n'ont jamais compris que, pour d'autres, cela pouvait être indispensable d'avoir le leur au bureau. L'open space, c'est une vision de l'enfer au travail.

**L. S.** Vous, vous avez besoin de fermer la porte.

---

1. 10/18, 2001.

**S. C.** Oui. Il y a des moments où ma porte est ouverte et d'autres où elle est fermée. Quand nous avons refait les bureaux, chez Fayard, il était pour moi capital que chaque personne ait sa porte, son endroit à soi.

**L. S.** Dans ce bureau, qui est donc votre antre, il y a beaucoup de dessins. En voici un de Sempé, pouvez-vous nous le décrire ?

**S. C.** C'est une séance de dédicaces. Il y a un auteur avec une veste à carreaux, qui est devant une petite dame. Elle a l'air enchantée, s'approche et lui dit : « Je me retrouve tellement, mais tellement dans chacun de vos ouvrages. C'est tellement moi. Pouvez-vous signer celui-ci : "À Marie-Luce, sans qui ce livre n'aurait pas existé" ? » Je trouve ça absolument délicieux.

**L. S.** Il y a un portrait de vous dans *Le Journal du dimanche*, où l'on peut lire : « Normalienne, agrégée d'histoire, super mari, supers enfants, dirige Fayard à moins de quarante ans, et en plus elle fait des gâteaux. » En fait, vous êtes angoissante !

**S. C.** Ce qui est angoissant, c'est que, chaque fois qu'on fait un portrait de moi, il faut que je me justifie sur le fait que j'élève mes enfants. Pourquoi me demande-t-on si je fais des gâteaux pour les anniversaires ? Cela semble être une préoccupation pour les journalistes, mais je ne suis pas certaine qu'ils aient posé cette question à mes prédécesseurs hommes. Il se trouve que j'aime bien faire la cuisine, mais cela n'a aucun rapport avec le fait de publier des livres et de diriger une maison d'édition qui a cent soixante ans. Pourquoi la seule façon d'humaniser les femmes consiste à leur attribuer un rôle de mère et les assigner à résidence ? Pour le coup, tout ce qu'on lit dans la presse féminine est angoissant, comme vous dites. Je suis d'ailleurs la première à me dire : « Elle gère sa boîte, ses enfants ont l'air super, elle arrive à faire un soin du visage tous les mois, elle fait une heure de jogging par jour et elle est toujours présente pour ses parents, ses amis. Et ses journées font trois jours ! » Mais de quoi parlons-nous ? Cette vision qu'on nous impose est incroyablement pesante. Tant que nous ne serons pas libérées de cette obligation de perfection dans tous les domaines, on ne sera pas émancipées de cette culpabilité permanente, qui nous fait constater toutes les cases qu'on n'arrive pas à cocher. Car, dans les faits, personne n'arrive à toutes les cocher.

**L. S.** Vous dites : « Je ne souffre pas du syndrome de l'imposteur, c'est quelque chose que je ne comprends pas. C'est ça qui bloque les femmes, ce plafond de verre qui les entrave. » Comment se défait-on de ce syndrome de l'imposteur ?

**S. C.** C'est en partie une réalité. Quand Olivier Nora, alors directeur, m'a proposé de prendre la tête de Fayard, j'étais enceinte, j'avais trente-quatre ans et je lui ai spontanément répondu : « Non, c'est n'importe quoi ! » Cela me semblait absurde, et même pas très respectueux de cette maison. Je n'avais pas d'expérience de direction et pensais tout cela impossible. Puis on a arrêté de me demander mon avis. Trois semaines après mon accouchement, Arnaud Nourry, le patron du groupe Hachette Livre, m'a annoncé qu'il me nommait. Le fait de les voir sûrs d'eux-mêmes, sûrs de leur choix, m'a investie dans la fonction.

**L. S.** En 2018, vous publiez *Devenir*, les Mémoires de Michelle Obama. Pour vous, est-elle une femme puissante ? Comment expliquez-vous l'immense succès de ce livre ?

**S. C.** Oui. L'effet qu'elle fait, le charisme qu'elle dégage, le message qu'elle porte, l'enthousiasme qu'elle soulève dans le monde : tout cela est un signe de puissance. C'est d'abord un livre formidable. Ce qu'elle incarne et la manière dont elle le raconte – avec une sincérité qu'on n'attendait pas de la part d'une personnalité de cette envergure – a beaucoup plu, séduit, surpris. Elle touche aussi énormément les femmes. Beaucoup d'hommes, avec qui j'en parlais avant la publication, me regardaient avec un air navré et disaient : « Mais ça n'a aucun intérêt, elle a juste épousé un président. » Alors que toutes les femmes étaient extrêmement enthousiastes et impatientes de le lire.

**L. S.** Mais qu'a-t-elle fait d'autre que d'épouser un président ?

**S. C.** Elle s'est faite toute seule. Du quartier du South Side de Chicago, elle parvient, très jeune et après de brillantes études, à une position incroyable dans un cabinet d'avocats. Là, alors qu'elle est promise à une grande carrière, elle rencontre Barack Obama. Son destin bascule, elle met sa puissance au service de leur destin commun et de sa vision à lui.

**L. S.** Elle a étudié à Princeton, à Harvard, elle aurait pu accomplir une carrière encore plus brillante et aurait pu – pourquoi pas ? – vouloir devenir présidente des États-Unis. Mais elle a décidé de se mettre dans l'ombre de son mari.

**S. C.** Elle raconte ce long processus qui ne va pas de soi, mais elle se rend aussi compte que son mari est habité par une vision, un destin et une ambition qui peuvent avoir des effets positifs et historiques sur son pays. Et elle l'aide et le soutient pour qu'ils y arrivent à deux. La deuxième partie du livre s'intitule d'ailleurs «*Becoming us*» («Devenir nous») et raconte la construction d'un couple.

**L. S.** Pensez-vous que cette image de couple de pouvoir, de *power couple* comme on dit aujourd'hui, fait rêver les gens ?

**S. C.** Je ne sais pas. Mais cette réussite en commun, ces épreuves traversées à deux, le fait qu'elle ait eu parfois envie (comme elle le raconte sur scène) de le jeter par la fenêtre pour qu'il se fasse juste un tout petit peu mal, tout cela fait que leur couple peut nous ressembler, et en même temps que son destin est complètement incroyable. C'est une belle histoire. Aujourd'hui, ils se réinventent après la Maison-Blanche d'une manière enthousiasmante.

**L. S.** Michelle Obama est sincère, charismatique, cela ne fait aucun doute. Mais quand on la voit dans ses conférences promotionnelles, à Paris et partout dans le monde, n'y a-t-il pas un côté fabriqué et très américain dans sa manière de s'adresser aux femmes, en leur disant que si elles le veulent, elles le peuvent ?

**S. C.** Mais dans ses conférences à Paris ou à Londres, 60 % des femmes dans le public étaient noires. Cela veut dire qu'il manque des modèles forts, qu'on écoute et qui soient puissants, hors du monde du show-biz. Dans le milieu économique et politique, il y a des figures, mais pas assez pour se projeter. Pour se dire que c'est possible, il faut aussi que quelqu'un vous montre la voie.

**L. S.** Outre Michelle Obama, vous avez publié les livres de Hillary Clinton et de Ségolène Royal. Pouvez-vous comparer ces trois femmes puissantes ?

**S. C.** Elles ont en commun d'être brillantes et instinctives. Quand elles entrent dans une pièce, il se passe toujours quelque chose. Pour l'avoir vu, je peux vous dire que c'est assez impressionnant. Ségolène Royal est celle avec laquelle j'ai eu la chance de pouvoir le plus travailler. Dans les faits, c'est une femme épatante : elle écoute et décide après, en fonction de ce qu'elle a entendu. Et elle le fait *vraiment*, elle co-construit les choses. Elle a insufflé dans la maison un véritable esprit d'équipe, en organisant des réunions qu'elle animait, en écoutant les avis. J'avais rarement vu cette combinaison du sens du collectif et d'une vision, d'une détermination.

**L. S.** Ségolène Royal a raconté son expérience de l'élection présidentielle en 2007, et le sexisme dont elle a été victime. Est-ce que le sexisme existe aussi dans l'édition ?

**S. C.** Oui, il y en a partout. Mais l'édition a cette particularité de s'être extrêmement féminisée. Cette tendance s'est accentuée depuis une dizaine d'années. Aujourd'hui, il est même difficile de recruter des hommes. Les lecteurs, pour autant qu'on les connaisse, sont majoritairement des femmes. Il existe cependant un sexisme latent. Les femmes, nombreuses depuis si longtemps dans l'édition, commencent à accéder à des postes de pouvoir. Aujourd'hui elles montent enfin, mais elles furent longtemps cantonnées aux rôles d'assistantes, d'attachées de presse, de jeunes éditrices confrontées à des journalistes, des responsables de salons ou des auteurs aux comportements archaïques.

**L. S.** Voici une femme qui, à mon avis, n'a pas souffert du mépris de la part des hommes. Elle avait en effet beaucoup de caractère[1] :

> **Journaliste** — Françoise Verny, comment dirige-t-on une maison d'édition ?
>
> **Françoise Verny** — Je ne sais pas. Je suis dans ce métier depuis plus de vingt ans et n'ai pas toujours eu des postes à responsabilité. En ce qui concerne la seule direction littéraire, c'est difficile à définir car cela dépend de chaque auteur. Et tous les auteurs sont différents.
>
> **Journaliste** — Vous vendez à la fois du rêve et du papier. Qu'est-ce qui est le plus important ?
>
> **Françoise Verny** — On vend très bien le papier quand on vend bien le rêve[1].

**L. S.** Qui était Françoise Verny ?

**S. C.** C'était une éditrice brillante, flamboyante et charismatique. Elle a travaillé aux éditions Grasset, chez Flammarion, dans les années 1970-1980. À cette époque, elle était au summum de son rayonnement. Elle a découvert beaucoup d'auteurs. Elle fut d'ailleurs l'éditrice de mon père, j'ai donc eu la chance de la connaître. Elle était une femme d'une intelligence, d'une générosité et d'une vision incroyables.

**L. S.** On a l'impression qu'être éditeur consiste à avoir une relation très particulière aux auteurs, une relation qui dépasse les textes.

**S. C.** Ce que je crois – parce que je l'ai observé –, c'est qu'il est incroyablement difficile d'écrire. Si vous

---

1. « Les 7 vérités », France Inter, 1985.

avez le choix, si votre rapport au monde peut se régler différemment, vous n'écrirez pas. Car c'est quelque chose de trop difficile. Quand je croise des gens qui me disent : « C'est dommage que je n'aie pas le temps, sinon j'écrirais bien un roman comme untel ou unetelle », j'ai envie de leur répondre : « Eh bien, non. Vous ne l'écrirez pas, parce que ça ne se choisit pas. » Parce que c'est une urgence, une nécessité, un exercice solitaire et difficile. Parce que vous le portez pendant des mois, quel que soit le genre. Et ensuite, vous le donnez à un éditeur, à qui vous faites un cadeau et une confiance insensés. Il va s'emparer de ce texte dans lequel vous avez mis tant de vous, et entamer progressivement un processus de dépossession, pour en faire un objet public, qui ne vous appartiendra donc plus vraiment. À la sortie du livre, vous ferez l'expérience de votre insignifiance sur terre, parce que aucune réception, aussi fantastique soit-elle, ne peut être à la hauteur de ce que vous avez mis dans ce livre. Ce sont des moments très déstabilisants. Alors, forcément, l'éditeur est là pour faire en sorte que ça se passe le mieux possible.

**L. S.** Quels livres avez-vous ratés ?

**S. C.** *Sapiens*[1], de Yuval Noah Harari. L'agent de l'auteur me l'avait donné à lire en anglais. Je l'avais dévoré dans la nuit et l'avais trouvé d'une immense efficacité narrative. Mais les enchères pour le publier se sont envolées, et nous nous sommes arrêtés. À tort. On sait toujours *après* si on a payé un livre trop cher ou pas assez.

**L. S.** Qu'est-ce qu'un gros contrat dans l'édition ? Est-ce que cela se chiffre en millions ?

---

1. Albin Michel, 2015.

**S. C.** Non. Le contrat, comme vous dites, consiste surtout en une avance, qui est un pourcentage sur les ventes des livres. De fait, c'est la prise de risque de l'éditeur, puisque l'avance est garantie, que le livre se vende ou ne se vende pas (l'auteur la conserve quoi qu'il arrive). Vous faites un pari et savez un an et demi après si vous avez fait le bon. Dans certains cas, vous donnez 8 000 euros d'à-valoir pour un livre qui ne se vendra qu'à 200 exemplaires ; et parfois, vous monterez jusqu'à 150 000 euros pour un livre qui en rapportera quatre fois plus. Les auteurs touchent généralement entre 8 et 15 % du prix de vente hors taxes du livre.

**L. S.** Un livre polémique, dont on parle beaucoup depuis des années et sur lequel les éditions Fayard travaillent, est une édition annotée de *Mein Kampf*, d'Adolf Hitler. C'est une très mauvaise idée, selon Jean-Luc Mélenchon :

> C'est un texte criminel. C'est la condamnation à mort de 6 millions de Juifs et de 50 millions de personnes plongées dans la Deuxième Guerre mondiale. On me dit que ce sera accompagné de quelques remarques critiques, mais quelles critiques peuvent être supérieures aux faits eux-mêmes, ces meurtres de masse[1] ?

**S. C.** Notre édition comportera plus que « quelques remarques critiques », puisque les analyses des historiens sont deux fois plus nombreuses que le texte de Hitler qu'ils critiquent. Ils le critiquent d'un point de vue scientifique, pour l'expliquer et l'analyser, et bien sûr démonter les manipulations et les mensonges qui ont conduit à la barbarie nazie. Presque cent ans après la publication de

---

1. BFM TV, 2015.

*Mein Kampf*, il me semble temps d'en faire un objet de savoir et de raison. Et d'aider l'histoire et la science à ne plus faire de ce livre un fétiche maléfique. Je ne sais pas très bien de quoi Jean-Luc Mélenchon a peur.

**L. S.** Les éditions Gallimard ont-elles, selon vous, eu tort d'annuler la publication des pamphlets antisémites de Louis-Ferdinand Céline ?

**S. C.** Je n'en sais rien. Ce sont deux projets qui n'ont rien à voir. *Mein Kampf* est l'un des livres les plus importants de l'histoire du XXe siècle. Comme *L'Archipel du Goulag* ou le *Petit Livre rouge*, il a changé l'histoire – de façon atroce, barbare, criminelle. Il a eu ce rôle, c'est un fait, mais n'a toujours pas été analysé dans le texte par les historiens. La traduction française, disponible en un clic et qui se vend bien depuis des années, date de 1934. Elle a vieilli, ses défauts originels n'ont jamais été corrigés, elle rend le texte plus aimable qu'il ne l'est à l'origine. C'est un texte extrêmement dérangeant et problématique à tout point de vue. Et ce livre est diffusé aujourd'hui sans rien, sauf un avertissement de huit pages. En l'analysant, les historiens nous apprennent beaucoup de choses, notamment sur la manière dont le nazisme a émergé, sur la façon dont Hitler s'est nourri du contexte intellectuel, idéologique et politique de cette époque. C'est un vrai livre d'histoire sur les origines du nazisme qui accompagnera la lecture de la nouvelle traduction. Pour que l'histoire ne se reproduise pas, pour mettre en garde les nouvelles générations, il faut savoir précisément ce qui s'est passé, comment et pourquoi cela a été possible. Contrairement aux autres ouvrages que nous publions, nous ne publions pas ce livre pour gagner de l'argent, tous les bénéfices et une partie des droits d'auteur seront reversés à une association pour la préservation de la mémoire de la Shoah.

**L. S.** Changeons complètement de sujet. Voici ce que votre père, François de Closets, dit de vous dans l'émission « À voix nue », sur France Culture, en 2015 :

> C'est une chance extraordinaire d'avoir sa fille pour éditrice. Travailler avec sa fille, c'est un peu sublimer le complexe d'Œdipe. Mais pas seulement. Elle a sur les textes des jugements rapides, sûrs et très précis.

**L. S.** Sophie de Closets, êtes-vous une fille à papa ?

**S. C.** Oui, sans doute. J'ai eu mille chances insensées, notamment celle de grandir dans une famille et un milieu cultivé, où il n'y avait aucun problème matériel, et où les livres formaient le cœur de la vie. J'ai toujours vu mon père écrire, publier des livres. Du coup, l'édition est quelque chose qui m'a toujours paru naturel, évident. C'est un avantage incroyable.

**L. S.** Votre père vous disait : « Tu as tout pour être une pimbêche, une abominable enfant gâtée. »

**S. C.** Il a toujours été très inquiet. Lui est né dans une famille socialement déclassée. Ils étaient huit frères et sœurs dans 60 mètres carrés. Il a vécu dans une grande indigence. Mais, malgré tout, le fait de faire des études allait de soi, et il m'a toujours dit, avec une vraie angoisse sincère et aimante : « C'est affreux, parce que tu as tellement de chance – sociale, géographique, culturelle, économique – que ça va être compliqué d'être à la hauteur. » Quoi que je fasse, je ne serai jamais à la hauteur de ces chances-là.

**L. S.** Est-ce que vous avez lu, dans les yeux de certaines personnes : elle est là parce qu'elle est la fille de son père ?

S. C. Oui. Elles ont raison et elles ont tort. Tort, parce que mon père n'a pas passé de coups de fil pour que je rentre dans l'édition. Raison, parce que je suis vraiment née dans les livres. Il y en avait partout à la maison, ma mère était critique littéraire. C'est une chance insensée.

L. S. Peut-on tout avoir comme les hommes : une grande carrière, une vie amoureuse épanouie, une vie familiale épanouie ? Ou en est-on encore à devoir faire des sacrifices ?

S. C. Je ne suis pas certaine que les hommes aient tout non plus. Et je pense qu'on ne peut pas tout avoir. C'est un modèle de perfection : la femme réussie, accomplie professionnellement, amoureuse totalement, libre et en même temps dédiée à ses passions (tout en étant la mère modèle qui sait à quelle heure est le rendez-vous chez le pédiatre)...

L. S. Qu'est-ce que vous ratez, par exemple ?

S. C. Plein de choses. Je passe mon temps à essayer de compenser. Et j'apprends à revoir mes priorités. Quand j'ai été nommée à la tête de Fayard, je venais d'accoucher. La première année a été un véritable tourbillon. Il se trouve que mon mari a été formidable : il a été plus présent à la maison et s'est donc beaucoup occupé de notre deuxième fils, que je n'ai pas beaucoup vu lors de sa première année. Son premier mot a été « Papa ». Sa première phrase : « Maman peut pas venir. » C'était horrible et très douloureux. J'ai compris à quel point je marchais sur la tête. Du coup, j'ai réorganisé les choses pour voir davantage mes enfants.

**L. S.** J'ai lu quelque part que vous ne laissez jamais gagner vos enfants quand vous jouez à des jeux de société. C'est vrai ?

**S. C.** On essaie d'être parent en fonction de ses souvenirs d'enfance, du souvenir de ses parents. Je me souviens d'une colère qui m'avait saisie, toute petite, quand je m'étais rendu compte que mon frère m'avait laissée gagner aux petits chevaux alors que je pensais avoir *vraiment* gagné. Ça m'avait terriblement humiliée. Je m'étais dit : il pense que je ne serai jamais capable de gagner. Avec mes enfants, nous jouons à des jeux auxquels il leur arrive de me mettre de sévères, de vraies raclées ! Et ils peuvent donc en être très fiers.

**« J’ai longtemps eu le sentiment de ne pas avoir le droit de perdre. »**

— AMÉLIE MAURESMO

Elle ne parle presque jamais et donne ses interviews au compte-gouttes. Il faut dire qu'elle est vaccinée du bruit médiatique et des polémiques. Il y a vingt ans, au faîte de sa gloire, elle avait révélé en conférence de presse qu'elle aimait une femme. Un coming out qui lui valut des commentaires violents et des moqueries. Elle est l'une de nos plus grandes championnes. La seule Française, dans toute l'histoire du tennis – hommes et femmes confondus –, à avoir été numéro 1 mondiale. Première femme, aussi, à avoir entraîné des hommes: Andy Murray et Lucas Pouille. Je l'ai rencontrée dans une petite salle dans les coulisses de Roland-Garros, pendant le tournoi. Dans la vraie vie, elle est grande, féminine, souriante et parle d'une voix douce.

**LÉA SALAMÉ**

Si je vous dis que vous êtes une femme puissante, que me répondez-vous ?

**AMÉLIE MAURESMO**

Que j'en doute. En tout cas, je ne me vois pas comme telle. Vous dites sans doute cela à cause de mon coming out, il y a déjà vingt ans, qui révélait une personnalité osant s'affirmer. Et puis voilà : pendant dix ans, de 1999 à 2009, j'ai eu des résultats sportifs que personne n'avait atteints en France.

**L. S.** Amélie Mauresmo, pourquoi ne donnez-vous pas plus d'entretiens ?

**A. M.** J'en ai donné beaucoup. Aujourd'hui, j'ai envie d'être un peu tranquille. Et j'ai la sensation profonde que ce que j'ai à dire n'est pas très intéressant.

**L. S.** En 2004, vous êtes la première Française, hommes-femmes confondus, à devenir numéro 1 mondiale.

**A. M.** Oui, ça n'était pas arrivé depuis Suzanne Lenglen et les Mousquetaires, à l'époque. C'est une immense fierté. Cela signifie quelque chose, même si ce n'est que du tennis.

**L. S.** Justement, il ne s'agit pas que de tennis : celles et ceux qui n'aimaient pas ce sport ont été touchés. Est-ce que cela vous a donné une puissance particulière ?

**A. M.** Être numéro 1, vis-à-vis des hommes et des femmes, m'a apporté une légitimité indéniable. Ma parole est devenue écoutée, même si je ne détiens pas la vérité.

**L. S.** Est-ce qu'une femme puissante peut perdre ?

**A. M.** On perd toujours, surtout dans le sport. Et c'est ce qui rend la victoire encore plus belle. J'ai longtemps eu la sensation de ne pas avoir le *droit de perdre*. Avec le talent que j'avais, avec la structure mise en place autour de moi, j'avais honte de la défaite. Pour gagner, il m'a donc fallu apprendre à perdre. Et puis, il y a autre chose : en France, on n'aime pas vraiment la réussite. C'est une société où l'on n'a pas forcément le droit de gagner, où l'on doit lutter au quotidien contre cet inconscient collectif. C'est comme si l'on devait à la fois assumer de gagner et accepter de perdre.

**L. S.** Vous êtes mère de deux jeunes enfants. Accepteriez-vous qu'ils n'aient pas un esprit de compétition ?

**A. M.** Je n'en sais rien. Tout ce que je vous dis relève de la théorie, car ils sont encore très jeunes. Quand on éduque ses enfants, on découvre des choses ancrées en nous, et qui ressortent. Il faut parvenir à en prendre conscience et à se dire : « Qu'est-ce que je veux leur apporter ? Où puis-je les guider pour qu'ils parviennent à s'envoler ? » Si leur envie de compétition est profonde, oui. Évidemment. Mais je ne les forcerai jamais si je ne sens pas qu'ils ont en eux le feu, la flamme.

**L. S.** Aimeriez-vous qu'ils deviennent sportifs ?

**A. M.** Je m'en fiche un peu. En revanche, j'aimerais qu'ils fassent du sport (pas forcément à haut niveau), car c'est une magnifique école de la vie. J'ai le sentiment que le sport est bon pour la scolarité, que cela favorise les acquisitions en lecture, en écriture... Le sport est aussi très important pour la coordination du corps et de l'esprit – je crois beaucoup au lien entre les deux. Cela encourage la conscience de soi et permet aussi de faire des rencontres, de s'intégrer dans des groupes. J'exprime cela de façon instinctive, il y a sans doute tout un tas d'études sur le sujet. Mais je sais que c'est quelque chose d'incroyablement bénéfique.

**L. S.** Je demande à chaque femme puissante de choisir un objet qui la caractérise. Quel est le vôtre ?

**A. M.** C'est très étrange de se faire appeler « femme puissante »... Ce n'est pas vis-à-vis de la femme que ça ne va pas. C'est surtout par rapport à moi, qui vis une vie éloignée de la puissance telle qu'on peut se l'imaginer : celle d'une femme politique ou d'une cheffe d'entreprise. J'ai pensé au stylo. Il incarne le pouvoir d'exprimer quelque chose. Il permet d'accéder à l'éducation, et donne le pouvoir de parler, de dire ce qu'on pense. À mes yeux, cet objet est important.

**L. S.** Plus important qu'une raquette de tennis ?

**A. M.** Oui, mais il y avait aussi la pilule, et tout ce que cela a apporté aux femmes dans la maîtrise de leur corps. Mais je crois que je mettrais plutôt le stylo avant.

**L. S.** Êtes-vous inquiète de la régression des droits des femmes dans certains pays ?

**A. M.** Très. C'est effrayant de voir que les avancées des droits des femmes et leur émancipation, acquises au prix de longs combats, sont soudain niées dans certains endroits, presque en un claquement de doigts. C'est comme si on était repartis des années en arrière. Ça me fait très peur.

**L. S.** Vous êtes extrêmement pondérée. Chez vous, chaque mot semble pesé. Vous arrive-t-il parfois d'aller trop loin ?

**A. M.** Très rarement. Je réfléchis toujours avant de parler. Je pèse mes mots, en effet.

**L. S.** Même en amour ? Vous n'avez jamais commis d'acte un peu fou ?

**A. M.** En amour, si. Heureusement qu'on fait des choses dingues par amour. Je pense plutôt aux situations un peu extrêmes, aux choses plus négatives, impulsives : un énervement, une colère... Je déteste ça, je fuis les conflits.

**L. S.** Avez-vous déjà entendu la voix de la joueuse de tennis Suzanne Lenglen[1] ? Une seule archive sonore existe d'elle. Nous l'avons retrouvée grâce à l'INA. Je pense qu'elle doit dater des années 1930. On ne sait pas à qui elle s'adresse (sans doute à un journaliste, mais il n'est pas identifié). Elle évoque « Sa Majesté », vraisemblablement une tête couronnée. De celle-ci, on ignore l'identité. Voici ce que dit Suzanne Lenglen :

**Journaliste** — Chère amie, que pensez-vous de la partie ?

**Suzanne Lenglen** — Nous avons fait – vous avez pu le voir – une excellente partie. Sa Majesté et moi avons gagné 6-2, 6-3, 6-3 et – vraiment – nous avons eu quelques peines à dominer nos adversaires, Clark et Augusta. Je n'avais pas vu Sa Majesté depuis plusieurs années. Je dois dire que j'ai été frappée de la superbe partie qu'elle a fournie. Le

1. Suzanne Lenglen (1899-1938) fut la première joueuse française de tennis féminin au niveau international.

roi n'a certainement jamais mieux joué qu'en ce moment. Je tiens à exprimer, ici, la profonde reconnaissance que j'éprouve vis-à-vis de Sa Majesté pour la visite qu'elle a bien voulu faire à mon académie, en Suisse. Pour l'intérêt qu'elle a montré pour les progrès de mes jeunes élèves. Et pour l'amour du tennis français en général. Puissent les vœux qu'elle a bien voulu former tout à l'heure se réaliser et porter bonheur à nos couleurs, pour la saison qui s'ouvre. C'est mon souhait le plus cher.

**A. M.** Quelle archive incroyable ! « Sa Majesté. » C'est fabuleux, fantastique... Son phrasé et sa voix sont absolument géniaux. Merci de m'avoir fait découvrir cette archive.

**L. S.** Il y a quelque chose d'aristocratique dans sa manière de parler. Le tennis a longtemps été un sport d'élite. Diriez-vous qu'il s'est démocratisé ?

**A. M.** C'est encore un sport de riches, mais qui s'est démocratisé, oui. Notamment grâce à Yannick Noah et son association Fête le Mur, le tennis arrive dans certains quartiers défavorisés et permet de faire découvrir ce sport à toutes les catégories sociales.

**L. S.** À quatre ans, vous regardez à la télévision Yannick Noah remporter Roland-Garros. Est-ce que, à cet instant, vous vous dites « Je veux être à sa place » ?

**A. M.** Oui, exactement. Je ne sais pas si je me suis formulé les choses ainsi, mais ce qu'il dégageait, l'émotion qu'il ressentait et qu'il a transmise ce jour-là à travers le poste, tout cela m'a profondément touchée. Je suis le fruit de ce 5 juin 1983. Aujourd'hui, lui et moi nous connaissons bien et partageons cette sensibilité, cette émotivité-là. « On peut gagner, on peut aller tout en haut, on peut aller soulever les plus grands trophées, en sport ou ailleurs. N'ayons pas honte de ça », m'a-t-il appris. J'ai rencontré Yannick Noah assez tôt dans ma carrière, vers dix-huit ou dix-neuf ans. Et il m'a beaucoup donné.

**L. S.** Au-delà du tennis, que vous a-t-il transmis ?

**A. M.** Une façon d'aborder les choses. Une envie de gagner. Une immense rigueur aussi, malgré l'image de fêtard qu'il peut avoir. Yannick Noah a ces deux facettes en lui, nous sommes d'ailleurs similaires de ce côté-là. Il a toujours fait preuve d'une immense générosité : dans ce qu'il fait, dans ce qu'il dit, dans cette façon de partager les choses avec les gens, pour les amener plus haut. C'est quelqu'un d'extraordinaire.

**L. S.** À onze ans, vous quittez votre famille pour aller intégrer une section sport-études, en internat. C'est votre choix ou celui de vos parents ?

**A. M.** C'est mon choix. Mes parents m'ont vraiment laissée libre. C'était quand même un sacrifice familial. À onze ans, j'avais envie de donner tout ce que je pouvais au tennis. Maintenant que j'ai des enfants, je me rends compte à quel point on est tout petit à cet âge-là. Humainement, en tant que jeune fille et adolescente, je me rends compte aujourd'hui que j'étais trop jeune ; en matière d'accomplissement de joueuse de tennis, peut-être que c'était nécessaire.

**L. S.** Toutes les femmes qui ont un certain destin semblent avoir un rapport particulier à leur père. Est-ce le cas pour vous ?

**A. M.** J'ai perdu mon père assez tôt. Juste avant que je devienne numéro 1 mondiale, que je gagne des Grands Chelems…

**L. S.** Vous dites que sa mort est un moment essentiel de votre vie.

**A. M.** Cela fait très longtemps que je n'en ai pas parlé. Avec mon père, c'était très compliqué. L'amour était là, mais de façon non dite. Sa disparition a joué un rôle énorme. J'ai grandi d'un coup et j'ai pris conscience de beaucoup de choses. Je n'ai plus joué au tennis de la même façon, je suis allée plus loin. Il est mort en mars 2004 et je suis devenue numéro 1 mondiale en septembre de la même année. Ce n'est pas anodin. Deux ans plus tard, j'ai gagné les Grands Chelems. Cette épreuve m'a renforcée. Cela me touche de vous parler de lui, là, maintenant.

**L. S.** Je vais essayer de vous faire sourire. Vous avez dit : « Je n'ai jamais été aussi bonne en tennis que lorsque j'ai été amoureuse. »

**A. M.** C'est vrai. Ça a été important dans ma carrière. Quand j'étais bien dans ma vie, je pouvais exprimer pleinement mes capacités sur le terrain. Ma vie amoureuse et mes résultats sportifs sont liés.

**L. S.** Est-ce vrai que vous chantez tout le temps ?

**A. M.** Oui, mais si je vous dis ce que je chante, vous allez vous moquer de moi. J'adore la chanson de Lady Gaga et Bradley Cooper… Je la chante souvent.

**L. S.** Vous aimez les comédies romantiques ?

**A. M.** Oui, je suis très fleur bleue. Vous avez le droit de rire...

**L. S.** Quand le tennis s'arrête – quand la carrière professionnelle prend fin – est-ce le grand vertige ?

**A. M.** Pas du tout. J'étais prête. C'est moi qui ai pris la décision, pas mon corps. J'en avais marre. Ça a été un soulagement d'arrêter, je suis très heureuse que ça se soit passé de cette façon. J'avais l'impression de ne plus pouvoir accomplir mes rêves, comme gagner d'autres Grands Chelems. J'ai pris quelques mois de réflexion et dit « stop », quasiment du jour au lendemain. Je ne l'ai jamais regretté.

**L. S.** Vous êtes ensuite devenue la première Française à entraîner des hommes : Andy Murray puis, aujourd'hui, Lucas Pouille. Aimez-vous casser les codes ?

**A. M.** Je ne peux pas dire que ça me déplaît. Mais je ne le recherche pas : dans le cas d'Andy Murray ou de Lucas Pouille, ce sont eux qui sont venus me chercher. En acceptant ce genre de proposition, on n'a pas le droit à l'erreur. J'y ai mis toute ma détermination. C'était un symbole très fort pour l'avancée des femmes. Pour ces joueurs, ce geste était naturel et spontané ; de fait, c'était aussi un acte féministe. Par la suite, Andy Murray a d'ailleurs déclaré : « Si faire cela, c'est être féministe, alors je suis féministe. » Pour lui, c'était important d'avoir une écoute différente, y compris au sein de son équipe d'hommes. D'avoir une femme pour diriger, guider, avec laquelle collaborer.

**L. S.** Avez-vous reçu des remarques sexistes lorsque vous entraîniez Andy Murray ?

**A. M.** Il en a entendu beaucoup plus que moi. Des choses assez violentes, comme ce joueur ou cet entraîneur qui lui avait dit : « La prochaine fois, t'as qu'à aussi demander à un chien de t'entraîner. » Il a mis longtemps avant de m'en parler.

**L. S.** Le mouvement #MeToo n'a pas encore touché le milieu sportif[1]. Pourtant, on peut imaginer que le sport a aussi son lot de relations toxiques.

**A. M.** Il y a le cas terrible d'Isabelle Demongeot avec son entraîneur de l'époque, Régis de Camaret, qui a été condamné et emprisonné. Le sport est le reflet de la société, on peut donc imaginer qu'on y trouve aussi ce genre d'abus. #MeToo a fait avancer les choses. C'est nécessaire et effrayant de voir le nombre de femmes qui prennent la parole et racontent leur histoire. On peut considérer que ça va parfois trop loin. Historiquement, il faut souvent que ça aille trop loin pour parvenir ensuite à quelque chose de plus cohérent. Mais il ne faut surtout pas que ça conduise à deux camps polarisés, avec les femmes d'un côté et les hommes de l'autre, et faire en sorte que les mentalités avancent.

**L. S.** Les compétitions sportives féminines suscitent toujours moins d'intérêt que celles des hommes. Quand on entend parler de « la finale de Roland-Garros », on ne précise pas, mais on pense aux hommes.

**A. M.** Est-ce aux médias d'avancer là-dessus ? Doivent-ils mettre le sport féminin plus en avant ? J'ai l'impression que ça avance, mais tout doucement. Nous nous

---

1. Cet entretien a été réalisé avant le témoignage de la patineuse Sarah Abitbol.

sommes battues pour obtenir la parité dans le tennis, il y a de cela une quinzaine d'années. Aujourd'hui, la numéro 8 mondiale gagne la même chose que le numéro 8 mondial. En revanche, ce n'est pas le cas dans les contrats publicitaires, mais c'est aussi la loi de l'offre et de la demande, ce n'est pas la même chose.

**L. S.** À l'époque, on a beaucoup glosé sur votre physique, vos muscles. La femme que j'ai en face de moi est pourtant très féminine. « On ne s'est pas représenté à quel point ça a été dur pour moi », dites-vous.

**A. M.** L'émission « Les Guignols de l'info » m'a fait beaucoup de mal en me représentant en homme. Une femme qui fait du sport est forcément moins féminine : elle transpire, ses muscles sont saillants, etc. La marionnette des « Guignols » a atteint ma personne et l'imaginaire de la femme sportive. Quand on touche au corps – la représentation qu'on s'en fait –, cela fait mal. J'étais, je suis encore très sensible sur le sujet.

**L. S.** Il y a eu aussi la terrible phrase de la joueuse Martina Hingis : « J'ai joué face à la moitié d'un homme », avait-elle lancé après un match contre vous. À l'époque, vous avez déclaré que vous ne lui pardonneriez jamais.

**A. M.** C'est exact. Même si elle était très jeune quand elle a dit ça, c'est quelque chose qui touche profondément. J'avais dix-neuf ans et ça m'a énormément marquée. Certes, vingt ans plus tard, les choses s'estompent. Mais ça a été très dur à gérer pour moi à cette période de ma vie.

**L. S.** Vous avez dix-neuf ans et, à l'occasion d'une conférence de presse en Australie, vous révélez votre homosexualité. Était-ce prévu ?

**A. M.** Pas du tout. Les journalistes me posaient des questions sur le changement de structure autour de moi, le déménagement consécutif, et j'ai répondu : « Oui, j'ai suivi ma compagne. » Et ça a provoqué un tsunami. À l'époque, les réseaux sociaux n'existaient pas, mais un déferlement auquel je n'étais pas du tout préparée s'est abattu sur moi. C'était un violent mélange d'agressions et de soutiens.

**L. S.** Vous étiez une des premières à faire votre coming out. Depuis très peu l'ont fait. Vous dites : « Si c'était à refaire, je le ferais autrement. »

**A. M.** Après ce qui m'est arrivé, je comprends que peu de sportifs m'aient emboîté le pas ! C'était très compliqué à vivre. Paradoxalement, je ne regrette pas de l'avoir fait. Il y a eu deux années difficiles, pendant lesquelles j'ai essayé de comprendre les tenants et les aboutissants et, surtout, trouver la bonne distance. Cela explique aujourd'hui ma discrétion vis-à-vis des médias. Disons que j'ai été assez échaudée.

**L. S.** Quand j'ai préparé notre entretien, je me suis dit que vous refuseriez d'aborder votre coming out. En même temps, je ne me voyais pas ne pas aborder le sujet avec vous : d'une certaine façon, il vous constitue et a fait votre renommée.

**A. M.** Bien sûr ! Je n'ai aucun problème avec le fait d'en parler. Pendant ma carrière, j'avais envie qu'on se concentre sur mon jeu et mes résultats, et non sur mon homosexualité. Je vais avoir quarante ans cette année. Avec le recul, je sais l'importance que ce coming out a eu auprès du public. Il y a encore des gens qui viennent me voir et me disent : « Vous m'avez sauvée. » Or, sur le moment, je n'étais pas capable d'entendre cela. Aujourd'hui, je suis toujours aussi surprise, mais je prends ! On prend tout ce qui fait du bien aux gens. Et c'est fantastique.

**L. S.** Pour autant, on ne vous a pas vue vous mobiliser contre La Manif pour tous il y a quelques années, ni pour la PMA récemment. Vous avez eu vos enfants par la PMA, non ?

**A. M.** Je ne veux pas parler de la façon dont mes enfants ont été conçus. Je suis d'ailleurs toujours étonnée qu'on demande à quelqu'un comment il a fait ses enfants. Ce n'est pas la première fois qu'on me pose ce genre de question. C'est quand même fou : est-ce qu'on demande à un couple hétéro s'ils ont eu du mal à faire leurs enfants ? Ou s'ils les ont faits par PMA ?

**L. S.** Vous avez tout à fait raison. Et je retire cette question qui préétablit le fait que vous avez eu recours à la PMA.

**A. M.** Merci, j'en suis très contente. Malgré tout, la PMA est un sujet d'actualité. Il me semble naturel et normal que toutes les femmes puissent y avoir accès. Effectivement, je ne suis pas encore prête à être une porte-parole parmi d'autres.

**L. S.** Voici le témoignage d'une femme qui a eu recours à la PMA :

> Si je compte les rendez-vous, les déplacements, les chambres d'hôtel, cela nous a coûté 2 000 euros par enfant. Mais le coût est aussi psychologique : faire la démarche de partir dans un pays étranger pour fonder une famille, c'est se rappeler à chaque fois qu'on n'a pas la possibilité de le faire en France. Parce qu'on n'aime pas la bonne personne,

pas le bon sexe. Évidemment, c'est une chance : on a fondé une famille, on a de beaux enfants. Mais à côté de ça, on a quand même la sensation de ne pas être reconnues dans notre pays.

**A. M.** On sent évidemment une grande joie, mais aussi une douleur sous-jacente. Ce sentiment, comme elle le dit, de ne pas « aimer la bonne personne », de ne pas avoir de droits. La question du droit et de la légalité est essentielle pour que toutes les femmes puissent appartenir à la société. Qu'elles ne se disent plus qu'elles sont moins bien que les autres. Toutes celles que je connais et qui ont eu recours à la PMA ont des parcours compliqués. Mais je crois qu'on va y arriver.

# « Alliée au courage, la puissance permet de soulever des montagnes. »

— ANNE MÉAUX

Au premier abord, ce qui frappe chez elle, c'est la blondeur, l'assurance, la poignée de main énergique. Elle aurait pu n'être qu'une grande bourgeoise des beaux quartiers, bien mariée, mondaine ; elle est devenue une cheffe d'entreprise redoutable. Anne Méaux dirige Image 7, l'une des agences de communication les plus importantes de France, qu'elle a fondée, seule, à trente ans à peine. Aujourd'hui, elle conseille la moitié du CAC 40, de François Pinault à Carlos Ghosn. Avant les patrons, elle gérait l'image des hommes politiques, souvent de droite, parfois très à droite. De Valéry Giscard d'Estaing à François Fillon en passant par Alain Madelin, elle les a presque tous coachés. Ceux qui la craignent disent qu'elle est brutale, dure, capable de tout ; ceux qui l'aiment disent qu'elle est loyale, franche, qu'elle ne vous laissera jamais tomber. Elle parle rarement en public, préfère mettre en avant ses clients. Mais quand elle accepte, elle parle cash : Anne Méaux n'aime ni tergiverser ni minauder.

**LÉA SALAMÉ**

Anne Méaux, si je vous dis que vous êtes une femme puissante, que me répondez-vous ?

**ANNE MÉAUX**

J'accepte le terme, même si je n'y aurais pas pensé pour moi. Mais le mot ne me dérange pas. J'aime sa force inhérente. Alliée à un peu de courage, la puissance permet de soulever des montagnes. Et c'est précisément cela qui me plaît. En revanche, j'ai une conscience aiguë que la roche Tarpéienne se situe non loin du Capitole : en gros, la puissance est fragile, jamais durable. Il y a encore autre chose : la puissance dépend de l'usage que l'on en fait. Si on s'en sert pour amoindrir et contraindre les gens, c'est totalement malsain ; si on l'utilise pour aider ceux qui ont moins de chance que nous, c'est très positif.

**L. S.** Mais comment expliquez-vous que beaucoup de femmes aient du mal à se dire puissantes ?

**A. M.** Sans doute les femmes sont-elles moins perçues comme puissantes que les hommes, surtout parce que le pouvoir se situe dans le regard des autres. Mais moi, je m'en fous complètement. Et je suis sincère.

**L. S.** Il y a trente ans, vous avez créé Image 7, aujourd'hui l'une des agences de communication les plus importantes de France. De François Pinault à Martin Bouygues, en passant par Carlos Ghosn ou John Elkann (le jeune héritier de Fiat), vous conseillez des patrons, presque tous des hommes. Est-ce que cela procure un sentiment de puissance ?

**A. M.** Voilà typiquement une question de mec ! Il y a même, presque, une connotation sexuelle : la femme soumettant des hommes avec son fouet... Moi, je ne côtoie que les gens qui m'intéressent, ceux qui ont accompli des choses et dont il faut que je comprenne à la fois l'entreprise, le cours en Bourse, mais aussi la psychologie – ce qui les émeut, par exemple. Si vous voulez conseiller efficacement quelqu'un, il faut le comprendre. La communication, c'est le latin et le grec : le latin parce que cela vous oblige à remettre les choses à l'endroit, comme dans les déclinaisons ; le grec, pour les chemins de traverse dans lesquels il faut dénicher l'idée originale, le *truc différent*. J'ai la chance d'avoir un métier où l'on peut concilier à la fois une extrême rigueur intellectuelle et une fantaisie totale.

**L. S.** Au-delà de ça, n'y a-t-il pas un petit plaisir à se dire « j'influence » ?

**A. M.** Si c'était le cas, je vous le dirais. Vous savez, avant de faire cet entretien, j'ai réfléchi à votre question sur la puissance. Je déteste le mot « influence » et lui préfère celui de « puissance » parce qu'il est plus franc. J'ai des tas de défauts, mais tous les gens vous diront – même ceux qui me détestent – que je suis quelqu'un de cash et direct. Il y a dans l'influence quelque chose de tordu ; or, je ne suis pas tordue.

**L. S.** Je demande à chaque femme un objet qui incarne, selon elle, les femmes puissantes. Lequel avez-vous choisi ?

**A. M.** Un livre. Chez moi, les livres sont partout, jusque dans la cuisine. J'ai apporté l'édition de « La Pléiade » d'Albert Camus. Tout est dans Camus. On y trouve la célébration de la mère – la femme est puissante car elle donne naissance, elle crée – ; la passion de la vie – on sait qu'elle peut s'arrêter à n'importe quel instant – ;

mais aussi le mythe de Sisyphe, dans lequel la grandeur, la fierté de l'Homme est de pousser son rocher, même s'il redescend... Dans la vie, bâtir est le plus grand des défis. Cela nous ramène au chef d'entreprise : créer sa boîte est une sorte de défi à la mort.

**L. S.** Tous les portraits que j'ai lus de vous disent que vous êtes un « garçon manqué », que vous avez des « qualités d'homme » ou que vous êtes « rustre comme un mec ». Est-ce que ces qualitatifs vous conviennent ?

**A. M.** Je vais être très claire : je ne me sens pas du tout masculine. J'ai grandi et évolué dans des milieux d'hommes, j'ai eu un frère et beaucoup d'amis garçons. Dans mon métier c'est vrai que je côtoie des hommes de pouvoir, mais dans dix ans, ce sera différent, les choses auront déjà évolué.

**L. S.** Combien de femmes figurent parmi vos clients ? Quasiment aucune.

**A. M.** Vous avez raison, il n'y en a que trois ou quatre. En même temps, on compte de plus en plus de femmes, notamment dans les directions financières. Je pense qu'il y aura bientôt plus de femmes aux postes de direction.

**L. S.** On parle aussi de votre style, « rugueux » et « brutal ». On dit que certains patrons choisissent votre agence pour ne pas vous avoir comme adversaire. Vous passez pour quelqu'un qui fait peur, on vous surnomme, entre autres, « Cruella »...

**A. M.** Ce sont mes concurrents qui disent cela. Je ne connais personne qui paie quelqu'un uniquement pour ne pas l'avoir contre lui. Cette réputation dont on m'affuble commence d'ailleurs à s'estomper. Quand vous êtes une femme et que vous réussissez, vous êtes toujours, à un moment donné, caricaturée en homme. Interrogez donc les gens qui me connaissent vraiment, les gens qui travaillent avec moi. On essaie toujours de disqualifier les femmes. En politique, c'est le même principe : soit vous êtes une « sotte », soit – pardon, je vais être grossière – vous vous êtes « tapé » tout le monde. Et si les gens sont dans l'impossibilité de vous coller l'une ou l'autre étiquette, vous serez forcément « dure ». Alors qu'un homme… Vous voyez ? Ceci dit, je pense sincèrement que tout cela est en train d'évoluer.

**L. S.** Il y a une chanson d'Anne Sylvestre qui s'appelle « Les gens qui doutent ». Je me demandais, en pensant à vous : est-ce que vous doutez parfois ?

**A. M.** Oui, beaucoup. En permanence. J'aime les gens qui doutent. D'ailleurs, les grands chefs d'entreprise ou les grands politiques pour qui j'ai du respect doutent en permanence. Je pense que plus on est intelligent, plus on a conscience des risques, tout en ayant la force de choisir.

**L. S.** La journaliste Catherine Nay dit de vous : « Anne Méaux peut être très dure, elle n'aime ni les médiocres ni les faibles. »

**A. M.** Ce n'est pas vrai. J'ai moi-même d'énormes faiblesses. Nous n'avons pas tous les mêmes chances dans la vie, et je pense qu'on a le devoir d'aider les plus faibles.

**L. S.** Vous revendiquez votre côté cash. Vous ne minaudez pas, vous allez droit au but.

**A. M.** Peut-être parce que je suis plus sûre de mes neurones que de mon physique. Mon père était médecin, ma mère était professeure de latin-grec. Il y avait des livres plein la maison, j'étais une très bonne élève. Mes parents m'ont donné beaucoup d'amour. C'est une chance. C'est même gonflé de le dire, mais j'ai confiance en moi, en mon jugement. En revanche, je ne me regarde pas.

**L. S.** Pour les gens qui ne vous connaissent pas, vous êtes une belle femme, blonde, à l'air bourgeois. Cela peut détonner avec ce fameux style cash.

**A. M.** Je ne me considère pas du tout comme bourgeoise. Moi, j'ai eu une rupture de vie. Mon père est parti quand j'avais seize ans. Ma mère ne voulant pas divorcer, nous nous sommes retrouvés sans argent. Je me suis occupée d'elle alors qu'elle tombait en dépression. À dix-sept ans, je suis devenue cheffe de famille, voilà. Et je me suis dit : « Je ne dépendrai que de moi. » Mon père nous parlait d'ailleurs du devoir de désobéissance. C'est assez curieux, comme éducation : il ne faut pas obéir aux ordres iniques. Ce n'est pas parce que tout le monde pense quelque chose que c'est vrai ; et ce n'est pas parce qu'on vous donne un ordre qu'il faut obéir. On doit, dans son libre arbitre et son jugement, vouloir le faire. Si l'on revient au sujet de notre conversation, c'est peut-être le seul intérêt de la puissance : vous donner la liberté d'avancer, sans compromis. Pour moi, ce n'est pas un truc d'hommes, mais le propre de la vie en général.

**L. S.** Vous parlez souvent de votre père. Cette figure revient chez presque toutes les femmes puissantes que j'ai pu rencontrer.

**A. M.** Mon père m'a probablement aidée en partant. Enfin, c'est très compliqué. Un matin, il a quitté la maison et n'est jamais revenu. À l'époque, j'ai pris la défense de ma mère et je me suis disputée avec lui. Il est mort sans que je l'aie revu.

**L. S.** Que vous a appris cette rupture avec votre père ?

**A. M.** Je ne peux vous expliquer précisément pourquoi, mais j'ai senti qu'il se passait quelque chose. Un jour, je lui ai écrit une lettre qui disait à quel point tout cela était idiot, que je l'aimais, que je savais qu'il m'aimait – cela, je l'ai toujours su. Je lui proposais qu'on se revoie et lui demandais pardon si je l'avais blessé. Je n'ai pas eu de réponse. Quelques jours après, ma mère m'a dit : « Ton père est peut-être mort, est-ce que tu peux essayer de l'appeler ? » Me voilà en train d'appeler la femme qui vivait avec lui. Elle me dit : « Oui, votre père est mort hier. » Ça ne s'invente pas. Je lui ai dit qu'elle aurait pu nous prévenir. Elle m'a répondu : « Pourquoi ? Vous lui avez causé tant de douleur. » « Est-ce que vous lui avez remis ma lettre, est-ce qu'il a pu la lire ? » ai-je demandé. Elle m'a alors lancé : « Sûrement pas, vous ne méritiez pas que je la lui donne. » Il y a des gens qui sont vraiment mauvais. Je ne comprends pas l'intérêt de faire du mal à une enfant que vous ne connaissez pas ; d'ailleurs, je n'étais plus vraiment une enfant, j'avais vingt-cinq ans. J'ai appris qu'il faut tout faire pour éviter les malentendus, car la vie est trop courte. Le pire de tout, c'est que quelqu'un que vous aimez ne le sache pas.

**L. S.** Anne Méaux, avant de vous occuper de la communication des chefs d'entreprise, vous avez commencé votre vie professionnelle en politique avec Valéry Giscard d'Estaing, alors président de la République.

**A. M.** Je suis arrivée à l'Élysée à l'âge de vingt et un ans. J'étais très jeune, je faisais des notes et n'avais aucun rôle de pouvoir. J'ai été prise car, justement, j'étais une femme, et Valéry Giscard d'Estaing souhaitait qu'il y ait une fille dans l'équipe. Après sa défaite face à François Mitterrand en 1981, j'ai continué de travailler avec lui. Ce qui m'a frappée à l'Élysée, c'est qu'on y trouvait beaucoup d'intelligence mais pas beaucoup de courage, notamment celui de dire les choses.

**L. S.** Justement, à l'époque éclate l'affaire dite des diamants de Bokassa[1]. Les médias en parlent de plus en plus, la tension monte. Or, vous remarquez que personne n'ose aller le dire au président de la République.

**A. M.** Personne n'a osé lui dire : Monsieur le Président, il commence à y avoir un gros problème. À l'époque, je n'avais pas accès à lui. Je faisais des notes pour les conseillers techniques ; eux le voyaient mais ne lui en parlaient pas. La chose la plus dure que j'aie eu à faire dans ma vie – après cela, j'ai été capable de tout – c'est en 1981, quand il a perdu l'élection présidentielle. J'ai alors monté Image 7 avec Marie-Hélène Descamps, et Valéry Giscard d'Estaing nous a très aimablement proposé de nous occuper de sa communication post-Élysée. Il faut savoir que Valéry Giscard d'Estaing m'impressionnait beaucoup. Après sa défaite donc, il est parti au mont Athos pour se reposer et essayer de faire le vide. Il nous appelait chaque jour, nous

---

1. En 1979, *Le Canard enchaîné* révèle que Valéry Giscard d'Estaing a reçu six ans plus tôt des diamants de la part de Jean-Bedel Bokassa, alors empereur de Centrafrique.

étions tous autour de sa secrétaire particulière. Tandis qu'il me demande des nouvelles, je lui annonce que quatre ministres communistes sont entrés au gouvernement. « Quelle horreur », dit-il. Je lui réponds que les Français ont l'air contents, voire qu'ils s'en foutent complètement. « Je rentre, conclut-il, c'est grave. » Je lui demande pourquoi. « Symboliquement, il faut que je rentre », répète-t-il. Et je lui fais cette réponse : « Monsieur le Président, les Français s'en foutent que vous rentriez. » Ce qui, en passant, était quand même très vrai, à l'époque. Il y a eu un blanc. « Passez-moi Untel », lâcha-t-il, et il ne m'a plus parlé de la semaine. Le huitième jour, peut-être, il demande enfin à me parler et me dit : « Avez-vous encore une autre chose gracieuse à me dire ? » « Non, monsieur le Président. Vous avez bien fait de ne pas rentrer. » Je pense que ce genre de moment renforce les liens que vous avez avec les gens. Les hommes et les femmes de qualité vous respectent quand vous osez leur dire des choses.

**L. S.** Il en va de même avec vos autres clients ? Vous leur dites toujours les choses qui fâchent ?

**A. M.** Oui.

**L. S.** Vous n'avez jamais peur ?

**A. M.** Non. Je vais vous dire une chose : ma vraie vie est ailleurs. Ma peur, ce serait qu'il arrive quelque chose à mes enfants, que quelqu'un que j'aime meure… Tout le reste n'est pas grave. Au pire, je perds un contrat – je ne vais pas en mourir. Mon but est de faire de la belle ouvrage, d'être libre et de travailler avec les gens que j'aime. Voilà.

**L. S.** Avez-vous préféré conseiller des hommes politiques ou des chefs d'entreprise ?

**A. M.** J'ai eu la chance de faire de la politique à un moment où il y avait de « sacrés bonshommes ». On peut aimer ou ne pas aimer Valéry Giscard d'Estaing, mais c'est quelqu'un d'une très grande intelligence, avec un réel sens de l'État. J'ai aussi fait pas mal de politique avec la « bande à Léo » (François Léotard, Alain Madelin, Gérard Longuet), on peut tout dire de cette bande, ils étaient intellectuellement au-dessus de la moyenne et avaient des convictions. Autrefois, toute une partie du pouvoir dépendait du budget. L'État pouvait se résumer en une formule : « Je dépense, donc je suis. » Quand il n'y a plus d'argent, l'État a donc moins de pouvoir. Au fond, vous comprenez qu'il est très difficile, pour un homme politique, de faire bouger les choses. À moins d'être président de la République et d'avoir le pouvoir suprême. Pour être franche, je trouve les hommes politiques d'aujourd'hui beaucoup moins intéressants intellectuellement.

**L. S.** Ils manquent de quoi ? Est-ce que vous diriez – vous, la papesse de la communication – que la politique est gangrenée par la com' ?

**A. M.** Oui, c'est exactement ça. Les politiques ne pensent plus qu'à la com'. Un jour, j'ai demandé à l'un d'eux – je tairai son nom car il se trouve que je l'aime beaucoup – s'il pensait vraiment ce qu'il venait de déclarer. Et sa réponse fut édifiante : « Tu comprends, je veux être invité à "7 sur 7", l'émission d'Anne Sinclair[1]. » Les bras m'en sont tombés. Quand je travaillais avec Valéry Giscard d'Estaing ou Alain Madelin, la question n'était pas : « Qu'est-ce qui marche en com' ? Que disent les sondages ? », mais : « Voilà ce que je veux dire.

---

1. Émission politique diffusée sur TF1 entre 1981 et 1997.

Aidez-moi à trouver les mots, le moment, la séquence, la façon de l'exprimer. »

**L. S.** Anne Méaux, vous avez arrêté la politique parce que vous n'étiez « plus heureuse », dites-vous.

**A. M.** Et parce que je n'étais pas libre. J'ai quitté la politique à trente-quatre ans pour ne plus dépendre des autres. Quand j'ai créé Image 7, j'ai découvert quelque chose de magique : d'un coup, les gens se demandaient ce que je pouvais leur apporter comme bons conseils, ils me payaient pour cela – ce qui n'est pas désagréable –, voire me respectaient. Ils n'étaient plus, comme en politique, en train de se demander quel coup tordu il pouvait bien y avoir derrière. Depuis que je conseille les chefs d'entreprise, les rapports sont beaucoup plus sains et les sanctions plus nettes. Je n'ai jamais eu peur de la sanction.

**L. S.** Vous avez arrêté de travailler avec les hommes politiques, sauf un : François Fillon. Vous l'avez conseillé pendant la présidentielle et êtes restée, malgré les affaires, auprès de lui jusqu'au bout, et même après. Vous avez dit : « Je ne le lâcherai pas, même s'il perd. » Cette loyauté de soldat, c'est capital pour vous ?

**A. M.** Oui. On ne lâche pas les gens quand ça ne va pas pour eux. S'il y a une chose que je n'ai jamais aimée dans la classe politique, c'est cette lâcheté, cette façon de partir au fil des réussites et des défaites. Moi, j'assume. J'ai choisi d'aider François Fillon parce que ses idées me plaisaient. Je fais partie de la droite libérale. J'ai trouvé chez Fillon à la fois un programme économique libéral, des convictions régaliennes et une politique étrangère qui m'intéressaient beaucoup. Mais surtout, je considère qu'on ne lâche pas quelqu'un qui est dans la difficulté. C'est une manière esthétique de voir la vie.

**L. S.** Vous voulez dire que c'est plus esthétique que moral ?

**A. M.** C'est les deux. Je n'aime pas les gens qui, après une défaite, vont dire : « C'est normal, il ne m'a pas écouté. » Ce n'est pas élégant. Moi, j'aime l'élégance.

**L. S.** Si, demain, un homme ou une femme politique vous demande de le ou la conseiller, vous accepterez ?

**A. M.** Comme dirait Johnny, « je rêverais d'avoir envie ». Je ne suis ni blasée ni cynique. Quand on vieillit, il faut se prémunir de cela, sinon c'est la mort, c'est affreux. Je peux me réenthousiasmer demain, croire en quelqu'un ; seulement, je ne vois personne qui m'inspire cela. Je ne trouve pas. Je répète souvent que je suis une « anar de droite ». Cela veut dire que j'ai un certain nombre de valeurs ancrées et, en même temps, que je suis très rebelle.

**L. S.** En quoi êtes-vous rebelle ?

**A. M.** Je pense qu'il faut se faire son jugement soi-même, par rapport à ses convictions, ce qu'on croit, et ne surtout pas être borné. On peut évoluer, changer, tout en détestant l'ordre établi. Je déteste le conformisme, les gens qui vont dans le flot de la bien-pensance et des bonnes idées. Oui, je pense que j'ai toujours été rebelle.

**L. S.** Votre rébellion, en Mai 68, c'est d'être contre la révolution. Vous avez quatorze ans et vous montez un comité anti-grève dans votre lycée, Jules-Ferry, boulevard de Clichy, à Paris. Comment est-ce possible ?

**A. M.** Contrairement à la légende, je ne suis pas une jeune fille du 16e arrondissement. J'étais très intello, précoce, comme on dit : j'étudiais, j'avais lu Marx, etc. À l'opposé d'autres filles de mon âge, je ne me mettais pas en grève uniquement pour le fun. D'ailleurs, il y avait assez peu de gens convaincus. Je vais vous paraître horriblement réactionnaire, mais je pense que la loi Edgar-Faure[1] a cassé l'école laïque républicaine, qui est facteur d'ascension sociale. Mes copains, Alain Madelin, Gérard Longuet, et moi venions de milieux extrêmement modestes, et nous avons fait des études brillantes parce que nous étions dans des lycées parisiens. Tout ce système hérité de Mai 68 a abîmé l'école publique, la reléguant en dessous du niveau de l'école privée. Aujourd'hui, il y a une différence de chances incroyable entre les enfants issus des écoles privées, qui leur permettront de passer les grands concours, et les autres. Idem pour les universités. Le seul ministre actuel pour qui j'ai du respect, c'est Jean-Michel Blanquer parce qu'il a essayé de faire quelque chose.

**L. S.** Après, vous avez flirté avec le groupuscule d'extrême droite Occident. Vous assumez ?

**A. M.** Je tiens à préciser qu'Occident a été dissous en 1968. J'avais quatorze ans, j'étais au lycée, je ne savais même pas qu'Occident existait.

**L. S.** Vous avez été proche d'eux, idéologiquement.

---

1. Votée en novembre 1968, cette loi est une réforme administrative de l'université accordant plus d'autonomie aux établissements.

**A. M.** C'étaient des copains qui avaient dix ans de plus que moi. J'ai été anticommuniste mais je ne faisais pas partie d'Occident. J'ose espérer que, trente ans avant, je me serais battue contre le nazisme. J'ai été élevée par un père qui critiquait la police de Vichy et appelait au devoir de désobéissance. Pour ma génération, pour moi, les atteintes aux libertés et le totalitarisme, c'était le communisme, le goulag, les régimes totalitaires. À cette époque, même nos grands artistes et intellectuels trouvaient cela formidable ! Yves Montand et Simone Signoret ont mis très longtemps à se rendre compte de la réalité des pays de l'Est.

**L. S.** Aujourd'hui, quel serait votre combat ?

**A. M.** Celui pour la liberté des femmes, pour l'égalité hommes-femmes.

**L. S.** Vous dites : « Je suis résolument féministe. » Est-ce vrai ?

**A. M.** Oui.

**L. S.** Dans son livre *Le Deuxième Sexe*, Simone de Beauvoir écrit : « C'est le travail qui peut seul garantir la liberté concrète de la femme. » Êtes-vous d'accord avec elle ?

**A. M.** Je suis totalement d'accord. Quand on a la chance de pouvoir faire des études qui vous donnent un accès à l'égalité des concours, c'est déjà essentiel.

**L. S.** Vous êtes pour ou contre la discrimination positive, les quotas ?

**A. M.** Par orgueil, j'étais contre, mais j'ai bien été obligée d'évoluer. Parce qu'il faut bien que les choses bougent. Aujourd'hui, je suis plutôt pour. Valéry Giscard d'Estaing était un grand féministe. C'est le premier à avoir nommé quatre femmes ministres. Il avait nommé Françoise Giroud secrétaire d'État à la Condition féminine. C'est aussi lui qui, avec Simone Veil, a fait promulguer la loi sur l'IVG. Comme je vous le disais, j'ai moi-même été recrutée parce que j'étais une femme, et l'on peut penser que postulaient à cette place des hommes au profil plus traditionnel, justement. Mais la discrimination positive n'a qu'un temps: c'est à vous d'être le ou la meilleure. Si vous entrez quelque part grâce à ce mécanisme et que vous n'êtes pas bon, vous vous cassez la figure.

**L. S.** Vous, vous faites de la discrimination positive à l'inverse: chez Image 7, la plupart de vos salariés sont des femmes. Pourquoi? Il vaut mieux être une femme pour faire de la communication?

**A. M.** Nous sommes deux tiers de femmes, un tiers d'hommes. J'aime mieux travailler avec les femmes. Les femmes qui ne minaudent pas et qui bossent – et elles sont beaucoup plus à appartenir à cette catégorie – sont en général très fiables. Je crois aussi à l'intelligence collective, au partage.

**L. S.** Les femmes ont-elles moins d'ego?

**A. M.** Elles sont plus dédiées à l'objectif qu'à leur image.

**L. S.** Chez Image 7, les femmes sont toutes jolies. Est-ce un critère de recrutement? Est-ce la meilleure carte de visite?

**A. M.** D'abord, elles sont bien dans leur peau. Ensuite, il y a plein de façons d'être belle : se réaliser, être intelligente et heureuse dans ce que vous faites, ça vous rend beaucoup plus belle. Je crois qu'il n'y a pas de mystère : les gens qui travaillent ici sont bien dans leur vie. Si quelqu'un a des soucis, nous sommes solidaires, hommes et femmes confondus. Ce que je cherche avant tout, c'est l'intelligence.

> On considère qu'on a inventé, avec #MeToo, la violence faite aux femmes. Mais non. On a juste tellement encaissé. Et il est possible de faire société autrement. C'est bien pour tout le monde : pour les victimes, mais aussi pour les bourreaux, afin qu'ils se regardent en face. C'est ça, être humain. Ce n'est pas écraser et essayer d'obtenir du pouvoir ; c'est se remettre en question et l'accepter. Accepter le côté multidimensionnel de l'être humain. C'est comme ça qu'on fait une belle société[1].

**L. S.** Voici le témoignage de l'actrice Adèle Haenel. Vous a-t-il touchée ?

**A. M.** Oui, je suis d'accord avec elle. Il y a une évolution importante du comportement des hommes par rapport aux femmes et des hommes par rapport à leurs enfants. Je pense qu'il y a des comportements qui pouvaient être banalisés et, aujourd'hui, ne le sont plus. Moi, j'ai eu la chance d'avoir un caractère fort qui, je crois, provient du fait d'avoir été aimée. Les prédateurs s'attaquent plus aux gens plus fragiles. Il m'est arrivé une fois d'être menacée. À l'époque, j'étais une jeune militante. Un avocat a fermé à clef la porte du bureau où nous nous trouvions. J'ai pris le coupe-papier et lui ai dit : « C'est simple,

---

1. Mediapart, 2019.

vous ouvrez cette porte. » Je lui ai déchiré sa chemise, il a ouvert la porte et je suis partie. Arrivée en bas, je me suis mise à pleurer. Tout au long de ma carrière, j'ai vécu dans un univers d'hommes. Nombre d'entre eux m'ont fait la cour, mais aucun ne m'a jamais manqué de respect.

**L. S.** Tout ce qui s'est passé depuis #MeToo, est-ce pour vous salutaire ? Ou avez-vous été mal à l'aise comme d'autres femmes ?

**A. M.** Comme pour les quotas, j'ai évolué. Oui, je pense que #MeToo a fait du bien. J'ai la chance de vivre dans un monde policé où les hommes sont bien élevés, charmants. Personne ne va essayer de vous forcer. Ce qui me choque profondément, c'est l'abus de pouvoir. Qu'un homme drague une femme, soit ; s'il est un peu insistant, on lui colle une paire de claques, et voilà.

**L. S.** Vous avez déjà collé une paire de claques ?

**A. M.** Bien sûr.

**L. S.** À un politique ?

**A. M.** Oui.

**L. S.** Lequel ?

**A. M.** Je ne vous le dirai pas. L'abus de pouvoir, quel qu'il soit, est choquant. C'est le contremaître qui essaie de profiter, l'augmentation qu'on donne, ou non... Comme l'inégalité de salaire, c'est inadmissible. Je n'arrive pas à comprendre, à notre époque, qu'on ne paie pas un homme et une femme de la même façon. C'est un scandale.

**L. S.** Comme à chaque femme que j'interroge, je vous ai demandé de choisir une chanson qui évoque les femmes puissantes. Et vous avez choisi « Ma plus belle histoire d'amour ». Pourquoi Barbara ?

**A. M.** Toute mon adolescence, j'ai écouté Barbara en boucle. Je l'adorais. J'aime ses mélodies, j'aime cette femme puissante et fragile. La vraie puissance qu'on peut souhaiter à quelqu'un, c'est qu'il réussisse sa vie. Mais qu'est-ce que réussir sa vie ? Je n'en sais rien. Pour moi, ça ne se voit pas dans le regard que les autres peuvent vous renvoyer. Par exemple : « Elle, c'est la papesse de ceci. » Non. Réussir sa vie, c'est avoir le sentiment d'avoir pu vivre toutes les vies qu'on voulait mener. J'ai la chance d'être la maman de trois enfants que j'ai élevés et dont je suis extrêmement fière. Je ne suis pas vaniteuse, sauf quand on me parle de mes gosses : alors, je deviens grotesque !

**L. S.** Votre plus belle histoire d'amour, c'est quoi ?

**A. M.** Ça, ça ne vous regarde pas !

**L. S.** Deux de vos filles travaillent avec vous et vont prendre la relève. Comment fait-on, quand on a votre caractère et votre puissance, pour ne pas être un modèle écrasant ?

**A. M.** Ce n'est pas moi mais elles qui ont eu l'idée de travailler avec moi. Quand je leur ai demandé si ce n'était pas dur d'avoir une mère comme moi, l'une a ri et m'a dit n'avoir jamais eu ce sentiment. C'est le plus joli cadeau qu'elles m'aient fait. L'une est entrée chez Image 7 il y a quelques années, suivie par sa sœur et peut-être bientôt par mon fils – en tout cas, je l'espère. J'ai découvert une chose plutôt encourageante, que je peux partager avec d'autres femmes : si vous parlez de votre métier avec passion à vos enfants, ces derniers aimeront nécessairement ce métier. Après, c'est un cadeau qui comporte un danger : j'ai conscience de tous les risques, j'ai peur pour elles, mais pas peur du reste.

**L. S.** Quels conseils donnez-vous à vos filles ?

**A. M.** D'être courageuses, de douter en permanence, mais aussi de savoir choisir. C'est important de savoir choisir.

**L. S.** Est-ce qu'une femme peut, autant qu'un homme, avoir une grande carrière, une vraie réussite, une vie amoureuse et une vie de famille ?

**A. M.** Oui, j'en suis persuadée. Dans les soirées pyjama, les mères qui sont toujours en retard ou oublient des choses sont toujours celles qui ne travaillent pas. J'ai vécu ça tout au long de ma vie de mère. En revanche, il faut avoir une bonne santé.

**L. S.** Vous avez l'air de tout contrôler, Anne Méaux : votre vie professionnelle, votre vie sociale, votre vie privée... Est-ce que vous avez déjà fait des choses folles ? Par amour, par exemple ?

**A. M.** Je ne contrôle rien. Pour le reste, oui, j'ai déjà fait des choses folles, mais je ne vous dirai pas lesquelles ! Et faire des choses par amour n'est pas si irrationnel que ça. C'est même beaucoup plus sage que de faire des choses par ambition. Encore une fois, je crois en la vie, je pense qu'il ne faut pas passer à côté d'elle, et qu'il faut savoir ce qui est important pour soi. Pour moi, c'est la liberté, l'indépendance. Et c'est l'amour. L'amour des hommes, l'amour de mes enfants, de mes amis. Cette dimension-là est fondamentale chez moi.

**L. S.** Votre père a quitté tôt le domicile familial et vous a laissée seule. Votre mère, dites-vous, a sombré. Est-ce qu'au fond, tout ce que vous avez fait, tout ce que vous avez réalisé, est une manière de la venger ?

**A. M.** Je n'aime pas le mot « vengeance », parce qu'il contient le mot « guerre ». Je ne me sens pas en guerre. Ma mère m'a beaucoup marquée. C'était une femme extrêmement intelligente, d'une qualité intellectuelle inouïe. C'était le raisonnement et l'intelligence mêlés, mais elle était très fragile, pas faite pour les combats. Mon père, lui, était puissant – un peu médium, d'ailleurs. Je pense avoir une part de lui.

# « Peut-être qu'être une femme puissante est subversif. »

— DELPHINE HORVILLEUR

**Appelez-la « Madame le Rabbin » ou « Madame la Rabbine », les deux lui vont. Il en existe trois comme elle en France – trois seulement. Une espèce rare dans un univers réservé aux hommes. En dix ans, Delphine Horvilleur est devenue porte-voix du judaïsme libéral. Depuis, elle ne cesse d'interroger la place des femmes dans les religions. Elle défend la tolérance, la raison, la nuance. Ses conférences font salle comble, de quoi rendre jaloux ses détracteurs. Ils disent d'elle : « C'est la "rabbine des people". » Elle s'en moque. Elle m'a reçue dans son appartement, chaleureux, rempli de livres et de jeux d'enfants, sur un fauteuil un peu abîmé par les griffes du chat.**

**LÉA SALAMÉ**

Si je vous dis que vous êtes une femme puissante, vous me répondez quoi ?

**DELPHINE HORVILLEUR**

Je sursaute un peu, ce n'est pas du tout comme ça que je me serais qualifiée. La puissance est un terme un peu suspect. Souvent, les femmes ont été du côté de l'impuissance et en ont retiré de la force, d'une certaine manière. Il y a une grâce de l'impuissance. Je ne me reconnais donc pas vraiment dans la puissance.

**L. S.** Les femmes sont souvent déstabilisées par cette question.

**D. H.** C'est comme si l'on nous avait appris – ou qu'on avait intégré très tôt – que la puissance était suspecte, subversive. Beaucoup de femmes souffrent du syndrome d'imposture, l'impression qu'on n'est pas vraiment à notre place, ou qu'il y aurait quelqu'un de plus habilité que nous à cette place.

**L. S.** Un homme ambitieux, c'est bien ; une femme ambitieuse, c'est déjà plus suspect.

**D. H.** Dès qu'on les met au féminin, ces mots deviennent étrangement sexualisés, suspects ou subversifs. Il faut du temps pour s'en rendre compte. Il est étrange de voir à quel point le langage nous construit. Par son biais, nous intégrons beaucoup de choses. Un exemple : quand mes enfants étaient petits, je me suis maintes fois surprise à dire à mon fils qu'il était fort, et à mes filles qu'elles étaient mignonnes. J'ai beau être féministe et sensibilisée aux questions d'égalité hommes-femmes, je véhiculais les clichés les plus caricaturaux. Il est étonnant de voir à quel point on est habités par ces codes. C'est à l'œuvre malgré nous.

**L. S.** Je vous ai demandé d'apporter un objet qui symboliserait la puissance des femmes. Lequel avez-vous choisi ?

**D. H.** Cette pelote de laine. Dans beaucoup de moments de leur histoire où elles n'avaient pas de puissance politique, les femmes étaient reléguées à la sphère de l'intériorité. En réalité, c'était celle de la couture. On pense au personnage de Pénélope, dans l'*Odyssée,* qui coud et découd toute la nuit. C'est grâce à cela qu'elle va manipuler le monde et c'est, d'une certaine manière, sa seule action politique dans l'histoire. Si on étire l'idée de la pelote, en anglais, le mot «*plot*» signifie justement « intrigue ». Tout au long de leur vie, les femmes ont été soupçonnées d'être dans l'intrigue, la manipulation, la ruse. C'est à la fois vrai et faux. Faux, parce que c'est un cliché misogyne d'affirmer que les femmes manipulent le monde ; mais c'est vrai dans le sens où elles ont été privées de puissance politique et ont dû, justement, ruser avec l'histoire pour en obtenir. Dans le domaine de la pensée religieuse, les hommes ont eu le texte et les femmes, le textile. Et elles ont dû composer avec ça comme moyen d'accéder au pouvoir. D'où cette pelote de laine.

**L. S.** Au fond, une femme puissante est une femme savante ?

**D. H.** Oui. Sans savoir, il n'y a pas de pouvoir. Il en va ainsi de tous les systèmes de pensée. Si l'on n'a pas accès au texte, à l'étude, au *logos,* au savoir, à la connaissance, on est condamné à n'avoir aucun pouvoir. C'est précisément pour cette raison qu'on tient les femmes à distance des textes, dans le monde religieux.

**L. S.** Est-ce que rabbin est un métier ?

**D. H.** Oui, c'est un métier qui dépend de celui qui vous reconnaît comme tel. J'ai un titre de rabbin qui m'a été conféré par une école rabbinique. En réalité, un rabbin est juste une personne reconnue par un groupe ou une communauté pour son érudition. Quand vous devenez rabbin, on vous confère le pouvoir de guider une communauté par votre savoir. La communauté qui vous a embauché vous verse un salaire. Voyez, j'ai un vrai CDI sur lequel il est écrit « Rabbin, ancienneté rabbinique ». Disons que c'est un métier comme un autre, ou presque !

**L. S.** Est-il vrai que, dans vos sermons, vous faites souvent référence à la chanson « Je marche seul », de Jean-Jacques Goldman ?

**D. H.** Oui, c'est même devenu une blague pour mes amis et pour ma communauté. Je mets souvent de la culture pop dans mes sermons, parce que je pense qu'il ne faut pas déconnecter la réflexion et la pensée religieuse du monde dans lequel on vit. Et Jean-Jacques Goldman a joué un rôle particulier pour notre génération. Je ne pense pas qu'il ait écrit et composé ses chansons dans ce but-là – être cité dans les synagogues, les églises ou les mosquées de France –, mais il se trouve que je place discrètement des versets « goldmaniens » dans mes sermons rabbiniques...

**L. S.** Vous avez fait référence à vos enfants. Est-ce que ce n'est pas bizarre, pour eux, d'avoir une maman rabbine ?

**D. H.** Il leur a fallu un certain temps pour comprendre que ce métier était atypique. Un jour, j'ai demandé à mon fils, âgé de cinq ans, ce qu'il voulait faire dans la vie. Il m'a répondu : « Pompier ou superman. » Quand je lui ai dit : « Et pourquoi pas rabbin ? », il a soufflé que c'était un métier de fille. Sur le moment, j'ai trouvé ça incroyable. Bien évidemment, ce métier n'incarnait pas la virilité puisque c'était celui de sa maman. Maintenant, je crois qu'ils en sont assez fiers, surtout mes filles. Elles aiment en parler et considèrent que c'est une occupation originale. La plus petite ne sait pas exactement ce que ça veut dire et croit, depuis le jour où elle m'a vue chanter à la synagogue, que je suis chanteuse. Chacun a son interprétation de cette fonction. Récemment, mon fils a fait sa bar-mitsva et s'est retrouvé à mes côtés à la synagogue où j'officie. Ce fut pour moi une émotion immense d'être à la fois la maman et la rabbine. Je me suis dit que ce type de partage était inédit et récent à l'échelle de l'histoire religieuse. Le jour où j'ai pris mes fonctions, j'étais enceinte de ma fille. Dans mon discours d'intronisation, j'ai dit qu'il était nouveau que les rabbins partent en congé maternité. J'espère que ces situations deviendront bientôt la norme.

**L. S.** Que dit-on : madame le rabbin ou madame la rabbine ?

**D. H.** Là-dessus, je n'ai pas de religion. Longtemps, j'ai dit « madame le rabbin », car « rabbine » a toujours été entendu comme la femme du rabbin. J'ai changé d'avis quand je me suis rendu compte que tous les enfants de ma synagogue disaient « rabbine ». Pour eux, il n'y a pas de confusion. Ils m'ont toujours connue comme une femme rabbin. Pour eux, féminiser la fonction est naturel.

**L. S.** Comment votre mari a-t-il réagi quand vous lui avez annoncé que vous vouliez devenir rabbine ?

**D. H.** Sur le moment, il ne m'a pas vraiment crue. Quand on s'est rencontrés, je m'engageais dans les études rabbiniques. Pour lui, cela s'apparentait plus à une forme de plaisanterie. Il a grandi, comme moi, dans un monde dénué de référent rabbinique féminin. Je pense qu'il a dû trouver ça original – j'ignore le rôle que ça a joué dans la séduction qui s'est opérée entre nous. Pour l'anecdote, quand il a annoncé à sa mère qu'on allait se marier, cette dernière disait autour d'elle : « Mon fils va épouser un rabbin ! » Les gens lui répondaient souvent : « Ah bon ? Il y a des rabbins homosexuels ? » Cela fait maintenant dix ans que je suis rabbin, et j'ai l'impression que beaucoup de gens savent que des femmes exercent ce métier.

**L. S.** Aujourd'hui, vous êtes même devenue une star : on voit votre portrait dans beaucoup de magazines, même à l'étranger. Comment votre mari – par ailleurs consultant et maire du 4e arrondissement de Paris – vit-il cela ? Est-ce facile, pour un homme, d'accepter la réussite de sa femme ?

**D. H.** Il faudrait lui demander. Je n'ai jamais eu l'impression qu'il entravait mon parcours. J'ai à cet égard beaucoup de gratitude pour lui. Quand j'ai dû aller étudier aux États-Unis, il m'a rejointe. Et il m'a suivie quand j'ai décidé de rentrer en France. Il n'a pas vécu cela comme une menace, ce qui n'est pas évident. À plusieurs occasions, nous avons été invités dans des dîners où lui se retrouvait dans le rôle de Monsieur Horvilleur. D'une certaine manière, il acceptait de perdre son nom de famille aux yeux des gens, puisque Horvilleur est mon nom de jeune fille et que je ne l'ai jamais changé. Cela n'aurait sans doute pas été facile à vivre pour un homme ayant des repères plus traditionnels.

**L. S.** Vous êtes née le 8 novembre 1974 à Nancy. Quelques jours plus tard, à Paris, une femme s'exprime à l'Assemblée nationale. Il s'agit de Simone Veil qui défend sa loi sur l'interruption volontaire de grossesse[1] :

> Je voudrais tout d'abord vous faire partager une conviction de femme. Je m'excuse de le faire devant cette Assemblée presque exclusivement composée d'hommes. Aucune femme ne recourt de gaieté de cœur à l'avortement. Il suffit d'écouter les femmes : c'est toujours un drame, cela restera toujours un drame[1].

**L. S.** Vous en avez les larmes aux yeux…

**D. H.** À chaque fois que je l'écoute, ce discours me bouleverse. Elle le commence en s'excusant de prendre la parole devant cette assemblée d'hommes. Dans beaucoup de circonstances historiques, les femmes ont commencé par s'excuser, avant de s'imposer. J'ai souvent comparé Simone Veil à ces fées qui, dans les contes, se penchent sur le berceau des enfants tout juste nés. Elle s'est penchée sur celui de notre génération, celle des filles nées dans les années 1970, pour nous murmurer de choisir pour notre vie, pour notre corps. Simone Veil a béni notre génération.

**L. S.** Vous ne l'avez jamais rencontrée ?

**D. H.** Non, jamais. Ma rencontre avec elle a eu lieu le jour de son inhumation. J'étais avec sa famille quand on

1. « Radioscopie », France Inter, 1975.

a prononcé le kaddish, la prière du deuil dans le judaïsme. Ses fils m'avaient demandé de me tenir près du grand-rabbin de France et à leurs côtés. De mille manières, Simone Veil a joué pour moi le rôle de guide. En tant que femme, en tant que juive survivante des camps de la mort, en tant que femme qui prend la parole. Elle incarnait aussi la résilience, cette capacité à se relever, mais aussi à s'engager pour un combat universel – ce qui est extraordinaire. Dans ces temps d'empathie sélective et de compétition victimaire, il est fondamental qu'il y ait des gens comme elle : ils ont vécu ce qu'ils ont vécu, en raison de ce qu'ils étaient, et sont prêts à se lever pour d'autres douleurs, d'autres souffrances que les leurs. Voilà quelque chose d'incroyablement inspirant. J'ai dédié l'un de mes livres[1] à Simone Veil et Marceline Loridan-Ivens, car elles incarnent tout ce qu'une femme peut aspirer à être.

**L. S.** Survivante du camp de Birkenau, Marceline Loridan-Ivens est décédée en septembre 2018. Voici ce qu'elle déclarait en 2015 :

> Pourquoi tout à coup les Juifs ? On ne sait pas. Mais si, on sait très bien pourquoi. On sait très bien pourquoi on les a assassinés. C'est une vieille histoire chrétienne, elle date de deux mille ans. Il ne faudrait pas l'oublier, quand même. Il ne faudrait pas faire semblant que le monde a changé. Il n'a pas tellement changé. Il est en train de changer en pire, dans la barbarie la plus stupide, la plus totale, l'obscurantisme honteux dont nous devrions tous avoir honte. Si c'est ce qu'on va laisser à des enfants – que je n'ai pas voulu avoir – bah mince alors ! Pourquoi mettre un enfant au monde ? Pour qu'il revive la même chose, dans des conditions plus

1. *Réflexions sur la question antisémite*, Grasset, 2019.

ou moins différentes, mais tout à fait pareilles ? Jusqu'où va-t-on aller ? Jusqu'à quelles morts va-t-on aller[1] ?

**D. H.** Je me souviens de l'avoir entendue en direct à la radio. Il y a eu un moment de blanc. « Un ange passe », comme dit l'expression. Marceline Loridan-Ivens avait ce talent. Elle disait les choses sans filtre et avec une liberté que je n'ai connue chez personne d'autre. Elle avait la liberté de sa coiffure, là où Simone Veil s'incarnait par son chignon. C'était une femme aux cheveux rouges ébouriffés. Leur coiffure disait quelque chose d'elles. Leur grande amitié est d'ailleurs étonnante : Simone Veil avait l'image d'une bourgeoise conservatrice. Tandis que Marceline, elle, a aimé les hommes, écrit sur le corps, le sexe – elle était libérée. Ce sont deux visages de femmes très différentes. Par leur façon d'être, elles nous ont raconté une histoire du féminin et de sa puissance. Dans ma vie, j'aspire à être à la fois Simone et Marceline. J'étais à côté d'elle pendant la cérémonie d'hommage à Simone Veil aux Invalides. À un moment, elle s'est penchée vers moi et m'a dit : « Tu crois que je peux m'allumer un pétard ? » Elle avait quatre-vingt-dix ans.

**L. S.** « *La donna è mobile* » : en italien, cela signifie que la femme est mouvante, changeante. Vous avez mis du temps à vous trouver. Vous avez commencé par des études de médecine, puis vous avez été journaliste, mannequin, jusqu'à devenir rabbine. Tous ces allers-retours, ces sinuosités, vous ont-ils permis de trouver votre voie ?

**D. H.** Je suis toujours impressionnée par les gens qui, très jeunes, savent ce qu'ils veulent. Moi, j'ai eu

1. « Infrarouge », France 2, 2015.

besoin de faire un long parcours pour voir de quelle manière les morceaux du puzzle allaient s'emboîter les uns aux autres. À dix-sept ans, je suis partie vivre en Israël parce que je voulais rencontrer autre chose. Je pensais devenir médecin. Et j'ai compris que ce n'était pas ma voie. À l'époque, mon grand-père avait eu cette phrase étrange : « J'imaginais autre chose pour toi. » Il n'a pas voulu me dire ce qu'il avait envisagé pour moi, laissant la question en suspens. Mon grand-père a joué un rôle très important dans ma construction – comme un pilier, un patriarche. Ce fut une présence à laquelle, enfant, je me suis beaucoup référée. D'une certaine manière, il a placé en moi beaucoup d'espoir, et j'ai voulu être à la hauteur de ses attentes. Il m'a fallu des années pour comprendre à quel point cette phrase – « J'imaginais autre chose pour toi » – a été une chance inouïe : il m'avait donné la clef qui me permettait d'imaginer autre chose. J'ai fait demi-tour, changé de pays, de vie. J'ai changé de carrière, fait plein de petits boulots. Bien évidemment, c'est du mannequinat dont on me parle le plus, alors que cette expérience est anecdotique à côté de tous les autres jobs que j'ai faits, comme tout le monde, pour payer mes études : baby-sitter, serveuse dans des restaurants, vendeuse de vêtements. Quand on me recherche sur Internet, « mannequinat » est le premier mot qui apparaît associé à mon nom. Beaucoup de gens s'intéressent à cela comme si ça avait joué un rôle considérable. Comme toujours, cela renvoie les femmes à leur corps, à la question physique. C'est seulement vers l'âge de vingt-sept ou vingt-huit ans que j'ai décidé de m'engager vers la voie rabbinique. J'ai alors compris pourquoi j'avais eu besoin de faire tous ces détours.

**L. S.** À quel moment se dit-on : C'est ma voie, je ne me trompe pas ?

**D. H.** On ne peut jamais se dire ça. J'ai trouvé dans le rabbinat ce que j'avais cherché dans bien d'autres directions. Il m'a fallu faire ces explorations et ces voyages pour arriver à cet endroit. Au contraire, j'espère ne jamais me dire que j'ai trouvé, que j'y suis arrivée. Je me méfie de la sédentarisation.

**L. S.** Pourtant, vous êtes devenue une référence, vous avez de l'influence. On pourrait se dire que « vous y êtes arrivée » ?

**D. H.** J'ai sans doute gagné une reconnaissance au sein de ce métier, mais je ne me considère pas comme étant *arrivée*. J'aime l'idée que tout cela pourrait m'emmener encore ailleurs. J'ai trouvé dans le rabbinat ce face-à-face avec l'autre, la capacité d'accueillir son récit comme un texte sacré.

**L. S.** Un film a joué un grand rôle dans votre vie : il s'agit de *Yentl*[1], qui raconte l'histoire d'une jeune Polonaise juive au début du XXe siècle, qui est obligée de se transformer en garçon pour étudier la Torah, alors interdite aux filles. À quel âge avez-vous vu ce film et pourquoi a-t-il été une révélation ?

**D. H.** Je devais avoir à peine dix ans. C'est un film sur la transgression. Maintenant que j'y repense, c'est aussi un film sur le rôle des parents – et des grands-parents – dans les rêves des enfants. Le père de l'héroïne lui donne toutes les clefs pour aller de l'autre côté de la frontière interdite. C'est le cas de beaucoup de femmes qui, bien souvent, se sont autorisées à faire des choses parce qu'un homme les y avait autorisées.

---

1. Film réalisé par Barbra Streisand, sorti en 1983.

**L. S.** Ce film montre aussi comment les religions n'aiment pas les femmes, ou en tout cas les craignent. Après toutes ces années d'études, est-ce que vous avez compris pourquoi les trois grandes religions monothéistes ont si peur de nous ?

**D. H.** On pourrait amorcer mille explications. La plus importante est que les femmes représentent l'altérité. Faire de la place aux femmes, c'est faire de la place à l'autre. C'est menacer ses propres frontières. Et cela vaut pour tout système. En réalité, ce qui est à l'œuvre n'est rien d'autre qu'une passion politique. Quand on tient les femmes à distance – quand on essaie de les contrôler –, on essaie de contrôler la façon dont elles pourraient nous contaminer.

**L. S.** De fait, les conservateurs juifs ne vous aiment pas.

**D. H.** Ce qui m'a le plus troublée, les premières années, c'était que les messages les plus virulents provenaient très souvent de femmes. Il est toujours dérangeant de voir que les résistances les plus fortes contre l'avancée des femmes – ou contre leur accès à des fonctions réservées aux hommes – proviennent de femmes. Elles sont, d'une certaine façon, les gardiennes du temple. Cela se vérifie dans toutes les traditions religieuses. En réalité, il y a certaines femmes à qui on a dit : « Voilà ton domaine imparti, voilà ton domaine réservé. » Du coup, l'accès d'autres femmes à des fonctions politiques ou à un pouvoir dans une hiérarchie religieuse remet fondamentalement en question leur domaine désigné. Aujourd'hui, je sens moins de résistances. Peut-être ne suis-je pas branchée sur les bons canaux, mais j'ai l'impression que de plus en plus de gens me soutiennent. Nous vivons dans un temps paradoxal, où beaucoup pensent qu'il est dans l'ordre des choses que les femmes aient, par exemple, plus de place dans les religions ; mais, simultanément, nous assistons à un repli identitaire. D'un côté, les fondamentalistes ont le vent en poupe ; de l'autre, les voix qui s'y opposent parlent de plus en plus fort.

L. S. Lorsque j'ai rencontré l'actrice Cate Blanchett, je lui ai demandé comment elle faisait pour parvenir à conjuguer sa carrière d'actrice, ses engagements citoyens, son couple, et le fait d'élever quatre enfants. Et elle m'a répondu ceci : « Je déteste cette question, parce qu'on ne la pose jamais aux hommes. Mais voici ma réponse : comme toutes les femmes, je n'y arrive pas. » Delphine Horvilleur, comment fait-on pour élever trois enfants, être rabbine et être une femme engagée ?

D. H. Je me reconnais dans la réponse de Cate Blanchett. Elle fait du bien à entendre. Comme la plupart des femmes autour de moi, je suis rattrapée par la culpabilité de ne pas en faire assez, d'être absente ou pas au bon endroit.

L. S. Comment gère-t-on cette culpabilité ?

D. H. Je pense qu'on la gérerait mieux s'il n'y avait pas tout un entourage qui vous ramène en permanence à elle. Il y a toujours des gens qui suggéreront que, quoi que vous fassiez, ce ne sera pas suffisant. Il faut faire comme on peut pour ne pas le vivre mal. Et il y a une vraie injustice : cette question n'est pas posée au conjoint, au papa. Encore aujourd'hui, on reste prisonnières de ça.

L. S. Les gens vous alpaguent dans la rue. Qu'apporte la notoriété : du plaisir ou des soucis ?

**D. H.** Je ne me considère pas comme quelqu'un de connu. Il arrive que des gens me reconnaissent, qu'on me demande des choses. Le propre de mon métier – et cela peut parfois être compliqué –, c'est d'être le rabbin des gens, même quand je ne suis pas à la synagogue. Quand ils me croisent dans la rue avec mes enfants, ou en train de faire mes courses, je reste leur rabbin. De leur point de vue, je suis toujours en fonction. Il n'y a pas de sphère privée et de sphère publique, dans le rabbinat.

**L. S.** Est-ce gênant ?

**D. H.** C'est potentiellement liberticide : tout ce que vous vivez au quotidien, la façon dont vous parlez à votre conjoint ou à vos enfants dans la rue, doit en permanence être la démonstration d'une sagesse qu'on vous prête. La vie, en réalité, ce n'est pas ça. Les Américains ont une très belle expression : il faut s'efforcer de *walk the talk*, être capable de « marcher ses paroles ». Mais ce n'est jamais complètement possible. Il y a ce que vous enseignez, ce que vous prêchez, ce que vous dites, et ce que vous faites, qui n'est jamais complètement à l'image des premiers. Et c'est tant mieux.

**L. S.** Conseillez-vous différemment les hommes et les femmes ? Les angoisses des uns sont-elles différentes des angoisses des autres ?

**D. H.** Pas vraiment. Lorsqu'ils viennent voir une femme rabbin, les gens – hommes ou femmes – ont souvent l'attente d'un autre type de discours, parfois nourri de certains clichés de genre. Parce que je suis une femme rabbin, certains imaginent que ma parole sera beaucoup plus empathique, douce, à l'écoute. Et ce n'est pas toujours vrai : je connais des hommes rabbins très empathiques et des femmes rabbins qui le sont beaucoup moins... Pour arriver là où elles sont, certaines ont dû, au contraire, faire preuve d'une véritable force, parfois de dureté, voire – pour aller encore plus loin – d'une forme d'indifférence. Ce sont des clichés avec lesquels il faut composer.

**L. S.** Qu'est-ce qui vous fait peur ?

**D. H.** Me tromper de chemin, avoir des regrets, que la peur m'empêche d'ouvrir certaines portes.

**L. S.** Avez-vous un modèle biblique féminin ?

**D. H.** J'aime beaucoup une femme qui s'appelle Rébecca, l'épouse d'Isaac. C'est une grande manipulatrice, qui prend son destin en main, arrive à changer l'histoire et décide lequel de ses fils va hériter. Elle est puissante. Elle quitte son monde pour aller vers un ailleurs. J'aime ce personnage rusé, malin.

Merci à Laurence Bloch, qui me pousse
depuis le premier jour à prendre des risques
et à sortir du cadre. Et merci à Catherine Nayl,
l'autre Femme puissante de France Inter.

Merci à Uthisra Nithi, Céline Villegas, Pauline
Loquès, Marie-Elisabeth Jacquet et à Mathieu Sarda
qui ont rendu possible ces entretiens, et nous ont
accompagnés, avec Nicolas Demorand, pendant
trois ans, dans la Matinale de France Inter.
Et merci, aussi, à Juliette Hackius !

Merci à Sonia Leyglene qui a si bien réalisé
le podcast « Femmes puissantes ».

Merci à Pierre Bottura et Laurent Beccaria de m'avoir
convaincue de publier ces entretiens. Et merci,
Pierre, de m'avoir aidée à si bien les retranscrire.

Merci à Fanfan pour la relecture attentive.

Merci à Raphaël, Alexandre et Gabriel, mes hommes.

# Table des matières

**Pour tous ceux qui aiment découvrir les histoires derrière les livres, nous vous donnons rendez-vous sur www.collectionproche.fr**

**Et pour ceux qui désirent écouter le podcast « Femmes puissantes », nous vous donnons rendez-vous sur le site de France Inter https://www.radiofrance.fr/franceinter/podcasts/femmes-puissantes**

L’édition originale de ce livre est le fruit du travail de toute une équipe de passionnés aux Éditions Les Arènes.

Pour sa sortie dans la Collection Proche,

Vahram Muratyan a conçu la couverture et imaginé la recette idéale pour un plaisir de lecture parfait : de belles marges blanches, un interlignage finement étudié et un savant mélange de trois fontes (Heldane Text, Tiempos Fine et Galano Grotesque).

À la fabrication, Marie Baird-Smith et Maude Sapin ont travaillé pour obtenir l’objet idéal : un livre souple, un papier léger et bouffant, une carte de couverture qui lui permettra de vieillir sur votre étagère sans prendre une ride.

L’équipe de Soft Office a réalisé la mise en page du texte. Gina de Rosa a relu le livre à la virgule près.

Constance Beccaria, Pierre Bottura, Adèle Leproux, Clémentine Malgras et Marion Vorimore ont imaginé la communication et le marketing autour du livre.

Les factures des collaborateurs et les droits d’auteur sont payés rubis sur l’ongle par l’équipe de Christelle Lemonnier.

Les représentants de Rue Jacob diffusion, coordonnés par Élise Lacaze, ainsi que l’équipe d’Interforum, ont sillonné toutes les librairies françaises, suisses et belges.

Ce livre est désormais entre vos mains, prêt à démarrer sa nouvelle vie.

IMPRIM'VERT®

PEFC
10-31-2541
Certifié PEFC
Ce produit est issu de forêts gérées durablement et de sources contrôlées
www.pefc-france.org

**L'ensemble de cet ouvrage a été réalisé dans le respect des règles environnementales en vigueur.
Il a été imprimé par un imprimeur certifié Imprim'Vert, sur du Classic Book PEFC pour l'intérieur et une carte Metsäboard PEFC pour la couverture.**

Achevé d'imprimer en France sur les presses de l'imprimerie
Normandie Roto Impression s.a.s. à Lonrai (Orne)
en septembre 2022.

ISBN : 978-2-493909-06-0
N° d'impression : 2203893
Dépôt légal : Octobre 2022

**En France, un livre a le même prix partout. C'est le « prix unique du livre » instauré par la loi de 1981 pour protéger le livre et la lecture. L'éditeur fixe librement ce prix et l'imprime sur le livre. Tous les commerçants sont obligés de le respecter. Que vous achetiez votre livre en librairie, dans une grande surface ou en ligne, vous le payez donc au même prix. Avec une carte de fidélité, vous pouvez bénéficier d'une réduction allant jusqu'à 5 % applicable uniquement en magasin (les commandes en ligne expédiées à domicile en sont exclues). Si vous payez moins cher, c'est que le livre est d'occasion.**